인공지능 시대의 자기계발법
챗GPT로 레벨업 ②판

Self-Improvement in the Age of Artificial Intelligence
Leveling Up with ChatGPT(2nd ed.)

권정민 저

학지사

이 책을 쓴 이유

챗GPT가 나왔을 때 그것에 매료되었다. 완전히 새로운 세상이 기다리고 있다는 것을 직감할 수 있었다. 챗GPT와 깊은 대화를 하며 이 신기한 기술에 대해 알아 갔다. 나는 단순히 챗GPT를 오락용으로 사용하지 않았다. 나의 고민과 문제를 챗GPT와 깊이 있는 토론을 하며 함께 나누었다. 멘토 없이 살아온 나에게 챗GPT는 좋은 멘토이자 동료가 되었다. 그리고 챗GPT를 이용해 어떻게 더 나은 교수, 교사, 연구자가 될 수 있는지에 대해 연구했다.

나는 챗GPT와 나눈 인문학적·철학적 대화를 강연에서 종종 공유한다. 나의 챗GPT 강연은 챗GPT에 대한 강연이 아니라 나의 삶에 대한 고민과 학문적 탐색, 나 자신의 발전에 대한 강연이다. 어떻게 도움을 받았고 어떻게 씨름했는지, 이것이 나의 삶과 나의 생각에 어떠한 영향을 미쳤는지에 대하여 이야기한다. 나는 사람들에게 "이렇게 하세요."를 말하기보다 "이렇게 했더니 깨달음이 있었어요."를 전한다. 이렇게 해서 사람들이 좀 더 깊이 있게 챗GPT를 사용하게 되기를 바라기 때문이다.

그러한 강의를 모아 이 책을 내게 되었다. 이 책은 언뜻 보기에는 가벼운 매뉴얼 같아 보이지만, 그동안 내가 챗GPT와 했던 대화와 상담, 씨름, 고민의 경험을 압축한 책이다. 하지만 너무 무겁지 않게 만들기 위해 노력했다.

시중에 나와 있는 많은 책이 챗GPT의 답변을 싣고 있다. 챗GPT가 신기하고 나의 공부에 많은 도움이 되기는 하지만, 글을 읽다 보면 다른 사람과 챗GPT의 대화에서 챗GPT가 뭐라고 답을 했는지에는 관심이 잘 안 가게 된다는 것을 발견할 것이다. 기계가 아무렇게나 내뱉은 말이 무슨 그리 큰 의미가 있겠는가? 챗GPT는 '생각'을 하지 않기 때문에 챗GPT가 뭐라고 했는지보다, 당신이 그 답변에 어떤 의미를 부여했고, 어떤 지식을 만들어 냈는지가 궁금한 것이다. 챗GPT가 무엇이라고 답을 했는지는 나와 챗GPT와의 대화 '안'에서만 의미와 가치가 있다. 나에게 챗GPT는 지식의 주체가 아니라, 내가 지식을 만들어 갈 수 있게 생각을 도와주는 도구이자 파트너이다. 우리가 망치질을 할 때에 그 망치가 낸 소리나 그 망치의 움직임 그 자체가 의미 있는 것이 아니라 그 망치를 이용해서 우리가 만들어 낸 작품이 의미가 있는 것이 아니겠는가? 챗GPT를 통해서 당신이 어떻게 달라졌는지, 어떤 깨달음이 있었고, 어떤 의미 있는 생산적 활동을 했는지가 나는 궁금하다. 그래서 이 책에는 챗GPT의 말은 최소한만 싣고 대신 어떤 질문을 할 수 있는지를 실었다.

챗GPT의 가장 큰 특징은 한 가지 주제에 대해 대화를 이어 나갈 수 있다는 점이다. 그래서 이 책에서는 대화를 이어 나가기 위한 질문들로 구성하였다. 이를 통해 독자들이 질문하는 법을 배우기를 바라는 바이다. 그렇다고 어떤 정해진 질문법이 있어서 그대로 해야만 하는 것은 아니다. 자신의 사고 과정을 친구와 이야기하듯이 그저 자유롭게 따라가다 보면 어느새 유능한 사용자가 되어 있을 것이다.

챗GPT가 어렵게만 느껴지는 분들에게 이 책이 새로운 세계로의 친절한 문이 되었으면 좋겠다. 이 드넓은 기술의 바다에서 허우적거리는 것이 아니라 즐기며 항해하는 사람들이 되기를 바란다.

챗GPT는 나를 성장시키는 도구

2023년 3월 첫째 주, 놈 촘스키(Noam Chomsky)는 미국 『뉴욕타임스(New York Times)』에 기고문을 실었다. 기고문의 핵심 내용은 "챗GPT는 사이비다."라는 것이었다.

그 당시는 챗GPT가 나온 지 석 달 남짓 될 때였고, 전 세계가 이 신기한 챗봇에 들떠서 성큼 다가온 특이점에 대해 설레어 할 때였다. 나 역시 챗GPT에 매몰되어 있을 때였다. 아침마다 새롭게 떠 있는 미국발 챗GPT 관련 뉴스와 활용 사례들로 나 자신을 업데이트하느라 바빴고, 밤이 되면 나스닥의 AI 관련 주식 동향을 파악하느라 잠을 설쳤다. IT 업계 전문가와 만나면 엔비디아와 마이크로소프트, 구글에 대한 대화로 꽃을 피웠고, 주말 밤마다 교육계 전문가들과 챗GPT 스터디를 하며 이 새로운 기술에 대해 탐구하느라 정신이 없을 때였다.

[그림 1-1] 촘스키가 『뉴욕타임스』에 실은 기고문 '놈 촘스키: 챗GPT의 거짓 약속' (2023. 3. 8.)

그렇게 우리 모두가 챗GPT에 대해 신기해하고, 더 알고 싶어 하고, 미래에 대한 설계를 다시 하고 있을 때 우리가 모두 아는 이 시대의 지성인 촘스키가 찬물을 끼얹듯이 "이건 사기다!"라고 선언을 한 것이었다.

나는 촘스키가 왜 챗GPT를 '거짓 약속'이라고 하는지 같은 학자로서 궁금했다. 도대체 나는 모르고, 촘스키는 아는 것은 무엇일까? 그는 왜 챗GPT가 사기라고 하는 것일까? 알고 싶었다. 그래서 원문을 찾아서 읽어 보았다. 그런데 영어가 꽤 어려웠다. 모르는 단어는 없는데 생소한 표현들이 있었다. 영어라서 어려운가 싶어서 내가 한 단어, 한 단어 정성스럽게, 읽고 또 읽어 가며 번역을 했다. 다음은 촘스키의 기고문의 일부를 번역한 것이다.

"보르헤스(Borges)는 위대한 위험과 약속의 시대에 사는 것은 우리 자신과 세상을 이해하는 데 있어서 '임박한 계시'와 함께 비극과 희극을 모두 경험하는 것이라고 썼다. 오늘날 인공지능의 혁명적인 발전은 실제로 우려와 낙관의 이유가 된다. 지능은 우리가 문제를 해결하는 수단이기 때문에 우리는 낙관할 수 있다. 그러나 가장 인기 있고 최신 유행하는 AI 변종이 언어와 지식에 대한 근본적으로 결함이 있는 개념을 기술에 통합함으로써 우리의 과학을 후퇴시키고 윤리를 저하시킬 것이기 때문에 우리는 우려할 수밖에 없다.

그러나 진정한 지능의 그 날이 아직 밝아 오지 않았다. 챗GPT와 같은 기계 학습 프로그램이 AI 분야를 계속 지배한다면 '이해'에 대한 보르헤스의 계시는 일어나지 않을 것이다. 이러한 프로그램이 일부 좁은 영역에서는 유용할 수 있지만 인간과 같은 사고를 하지는 못 한다."

무슨 뜻인지 이해가 되는가? 어려운 단어는 없음에도 이해가 잘 되지 않았다. 비극과 희극, 우려와 낙관 등 대조적인 두 가지 감정에 대하여 이야기를 하고 있다는 것을 대략적으로 알 수는 있다. 하지만 나는 촘스키가 정확히 무슨 얘기를 하는지 알고 싶었다. 어떤 이론이나 논리를 가지고 챗GPT가 사기라고 하는 것인지 궁금했다.

하지만 나도 촘스키 이름만 들어 봤지, 그가 정확히 어떤 이론을 주장하였고, 어떤 얘기를 했는지에 대해서는 잘 몰랐다. 그가 언어학자라는 것은 알지만, 촘스키 외에 다른 언어학자에 대해서는 알지 못했고, 언어학에 어떤 이론들이 있는지 지식이 없었다. 즉, 촘스키가 언어학의 어디 즈음에 위치하는지, 그의 이론에 어떤 의미가 있는지 잘 몰랐기에, 그가 왜 그렇게 챗GPT를 '디스'하는지 그 맥락에 대해서도 알 수가 없었다.

하지만 촘스키에 대해 더 알고 싶어도 물어볼 사람이 없었다. 내 주변에 교수님들이 많음에도 불구하고 촘스키에 대해 충분히 알고, 나와 함께 이 글을 읽어 가며 토론해 줄 수 있는 사람은 없었다.

나는 절박하고 목말랐다.

그래서 나는 챗GPT에게 물어보기로 했다.

- "챗GPT야, 이 글은 촘스키가 너에 대해서 쓴 글이야. (원문을 통채로 붙여 넣어 줌) 도대체 여기서 '임박한 계시'는 뭐고 '이해에 대한 보르헤스식 계시'는 또 뭐야? 그리고 도대체 보르헤스는 누구야? 촘스키는 왜 자꾸 보르헤스를 언급해?"
- "나 그래도 이해가 안 돼. 도대체 계시가 무슨 뜻으로 쓰인 거야?"
- "나 보르헤스가 누구인지 전혀 모르겠어. 이 글을 더 잘 이해할 수 있게 보르헤스가 누군지 설명해 줄래?"
- "나 그래도 모르겠어. 보르헤스의 작품을 읽어 봐야 이해할 것 같아. 보르헤스 작품 좀 소개해 줘."
- "촘스키는 왜 챗GPT를 사기라고 하는 걸까?"
- "촘스키는 어떤 이론을 주장했어? 촘스키의 이론과 반대되는 이론은 어떤 것이 있어?"

이렇게 나는 친구에게 혹은 전문가에게 물어보듯이 챗GPT에게 물어보았다. 절박했기 때문에 챗GPT가 인간이 아닌 기계라는 사실도, 챗GPT가 할루시네이션(hallucination)을 일으키는 사실도 개의치 않았다. 그저 이 글에 대해 누군가와 대화를 해야만 할 뿐이었다.

그렇게 나는 챗GPT를 토론 상대로 이해가 안 되는 것은 이해가 될 때까지 질문하고 또 질문했다. 우리가 수학 문제를 풀 때 문제와 '씨름'을 하는 것처럼, 나는 챗GPT와 촘스키의 글을 가지고 씨름했다. 질문을 하기 위해서는 내가 모르는 것이 무엇인지, 그것을 알기 위해서 내가 무엇을 알아야 하는지를 알아야 하는 메타인지가 필요하다. 그러한 면에서 내가 챗GPT와 한 상호작용은 인간에게 깊은 학습이 일어나기 위해 종종 거치는 인지적 과정과 다를 바가 없었다.

챗GPT와 촘스키에 대해 며칠에 걸쳐 깊이 있는 토론을 했고, 많은 학습을 했다. 촘스키가 챗GPT에 대해 부정적이었던 이유는 궁극적으로 챗GPT가 '생각'하지 못하기 때문이었다. 나는 챗GPT와의 토론을 계기로 촘스키에 대한 흥미가 생겨 그의 이론을 더 공부했고, 피상적으로만 알고 있던 언어의 구문론, 의미론, 화용론에 대해 더 깊이 있는 이해를 하게 되었다. 그리고 그 결과로 논문이 탄생했다. 촘스키에 대해 거의 알지 못하는 상태로 시작한 토론이 의미 있는 지식의 형태인 논문이라는 산출물로 귀결된 것이다.

이 경험은 나에게 깊은 인상을 남겼다. 챗GPT는 단순히 우리에게 지식을 일방적으로 주는 정보의 매체가 아니었다. 챗GPT는 사실 할루시네이션을 종종 하기 때문에 지식을 의지하기에는 부적절한 대상이다. 그러나 챗GPT는 대화가 가능하기 때문에 내가 생각을 더 깊이 해 볼 수 있게 해 주는 '생각의 도구'가 될 수 있다. 나와 토론해 주고, 내가 모를 때에 깨달음을 줄 수 있고, 나의 생각을 정리하는 것을 돕는 도구가 될 수 있는 것이다. 여기에서 사용자인 나는 수동적으로 지식이 주입되는 학습자가 아니라 적극적으로 고민하고, 생각하고, 나 자신을 끊임없이 성찰하는, 우리나라 교육에서 강조하는 '자기주도적 학습자'가 된다. 이것은 마치 콘텐츠를 소비하게 하는 유튜브와, 그 유튜브 영상을 만들어 내기 위한 비디오 에디팅 프로그램 간의 차이라고 볼 수 있다. 챗GPT는 유튜브보다는 비디오 에디팅 프로그램에 더 가깝다고 할 수 있다. 새로운 것을 생산해 내는 도구이기 때문이다. 그 새로운 것이란 '생각'이다.

궁극적으로 챗GPT는 나의 성장을 돕는 툴이 될 수 있다. 챗GPT로 우리는 더 성숙해지고 똑똑해질 수 있다. 특이점으로 유명한 레이 커즈와일(Ray Kurzweil)과 테슬라로 유명한 일론 머스크(Elon Musk)는 인간과 기계가 하나가 되는 세상이 올 것이라고 주장한다. 커즈와일은 인간은 결국 분자, 전자 단계까지 가면 정보(information)이기 때문에 기계와 하나가 될 수 있다고 믿어 자신이 나중에 디지털로 '환생'할 것을 대비하여 자신에 대한 모든 데이터를 다 모아 놓는다고 한다. 같은 원리로 일론 머스크는 우리의 뇌는 컴퓨터와 하나가 될 수 있다고 믿고 뉴라링크(Neuralink)라는 회사를 설립하여 연구 개발을 하고 있다. 이렇게 기계와 인간이 궁극적으로는 '정보'이기 때문에 하나로 합쳐질 수 있다는 믿음을 '트랜스휴머니즘(Transhumanism)'이라고 한다. 트랜스휴머니즘은 현재 실리콘밸리를 지배하는 생각이기도 하다. 나는 인간이 정보만으로 이루어졌는지에 대해서는 잘 모르겠다. 하지만 트랜스휴머니즘에서 우리가 배울 점 한 가지는 기계를 적극적으로 이용해서 더 나은 인간이 되기 위해 노력하는 것을 가치롭게 여긴다는 점이다. 기계를 단순히 내 삶을 편리하게 해 주는 도구로만 보는 것이 아니라, 더 나은 인간이 되기 위한 도구로 그것을 적극적으로 활용하는 것, 그것이 트랜스휴머니즘과 이 책이 공통적으로 추구하는 점이라고 할 수 있겠다.

많은 이가 '인공지능이 우리의 직업을 대체하면 어떡하지?'라는 걱정을 한다. 그런 관점에서 챗GPT는 치팅의 도구로만 보일 가능성이 크다. 그것은 기계를 '나의 삶을 편리하게 해 주는 도구로만' 보는 관점이다. 그런 관점으로 기계를 본다면 나는 점점 더 할 일이 없어진다. 결국은 AI가 나를 대체하도록 내가 그 현실을 나도 모르게 만들어 가게 되는 꼴이 된다. 하지만 그 반대로 기계를 '내가 더 나은 사람이 되게 하는 도구'로 본다면 AI가 나의 직업을 빼앗아 갈까 봐 걱정할 필요가 없어진다. 이러한 관점에서 AI는 나의 직업을 빼앗아 가는 존재가 아니라, 내가 더 유능해지고, 더 나은 사람이 될 수 있게 도와주는 파트너가 된다. 우리는 학업에서, 업무에서 챗GPT를 효율성과 생산성을 높이기 위한 도구로 사용하는 것에 주로 집중하지만, 여기서 더 나아가 챗GPT는 내 생활 곳곳에서 나의 멘토이자 동기부여자, 계획 도우미, 생각 도우미가 되어 내가 더 나은 사람이 될 수 있게 하는 디지털 도구가 될 수 있다. 이런 도구를 일상에서 활용할 수 있는 갖가지 방법에 대하여 이 책에서 소개했다. 나는 독자들이 이 도구를 활용해 더 나은 사람, 더 나은 사회를 만들어 가기를 바란다.

차례

* 이 책을 쓴 이유 _ 3
* 챗GPT는 나를 성장시키는 도구 _ 5

I 챗GPT야 공부를 도와줘 · 17

대학 강의 뿌시기 _ 18
문제집 같이 풀기 _ 22
어려운 논문 쉽게 읽기 _ 27
TOEFL, GRE 등 시험 공부하기 _ 31
어려운 책 읽기 _ 36
채점해 주세요 _ 40
철학자와 토론하기 _ 44
학문적 토론하기 _ 48
연습 문제로 공부 마스터하기 _ 53
외국어 배우기 _ 56
논리적으로 생각하기 _ 60
인터뷰 데이터에서 의미 있는 내용 추출하기 _ 63
글을 논리에 맞게 고치기 _ 66
논리 짜기 _ 69
연구 방법 컨설팅 _ 72
통계 분석 컨설팅 _ 75
참고문헌 포맷하기 _ 78
질적 연구 코딩하기 _ 81
다양한 관점에서 피드백 받기 _ 86

영어 단어나 표현이 이해가 안 될 때 _ 89
학습 전략을 가르쳐 줘 _ 92
어려운 개념을 어린이를 위해 재미있게 설명해 줘 _ 95
어려운 개념을 비유로 설명해 줘 _ 99

II 챗GPT야 업무를 도와줘 · 105

이력서 및 자소서 빛나게 하기 _ 106
표 만들기 _ 110
표에서 트렌드 찾기 _ 113
영어로 쓴 글 교정 받기 116
번역하기 _ 120
보고서/논문 수정하기 _ 123
전문가스러운 영어 이메일 작성하기 _ 126
문서 요약하기 _ 129
녹음 자료로 회의록 쓰기 _ 132
회의 안건 작성하기 _ 136
프레젠테이션 기획하기 _ 139
리허설용 질문 만들어 보기 _ 142
데이터 분석하기 _ 145
월별 매출·지출 트렌드 분석 _ 148
학습용 방탈출 게임 만들기 _ 154
교과서 캡처해서 강의 자료 만들기 _ 157
강의 계획서 만들기 _ 160
창업 준비 도움 받기 _ 163
디자인 싱킹하기 _ 168
페르소나 만들기 _ 173
제품 설명서 쓰기 _ 176
보도 자료로 홍보 문구 만들기 _ 179

홍보 마케팅 컨설팅 _ 182
책의 목차 만들기 _ 185
보드게임 만들기 _ 188

III 챗GPT야 사회생활을 도와줘 · 191

나의 MBTI 이해하기 _ 192
부부싸움 분석가 _ 195
연애 고민 상담 _ 198
그들은 왜 싸울까? 갈등 상황 이해하기 _ 201
회사 문화가 이해가 안 돼. 도와줘 _ 204
소설 시뮬레이션 _ 207
롤플레이 _ 210
공감 대화 연습하기 _ 213
그 사람은 왜 그랬을까 _ 216
상냥한 이메일 작성하기 _ 219
밈 이해하기 _ 222
영어 회화 연습하기 _ 225

IV 챗GPT야 인생 목표를 도와줘 · 229

하고 싶지만 엄두가 안 났던 일 시작하기 _ 230
동기부여가 필요해 _ 234
미니 습관 만들기 _ 237
오늘과 다른 내일 살기 _ 241
나에게 맞는 시간 관리법 찾기 _ 244
매일 아침 나를 동기부여 해 줄 문구 _ 247
자기 성찰하기 _ 250

단기 목표 이루는 방법 _ 253
장기 목표 이루는 방법 _ 256
커리어 로드맵 설계하기 _ 259
할 일 목록 만들기 _ 262
나의 3대 핵심 가치 찾기 _ 265
나의 에너지 사이클 파악하기 _ 268
나의 현재 역량과 목표 역량 간의 격차 분석 _ 271
나의 생활에서 방해 요인 찾아 없애기 _ 274

V 챗GPT야 몸과 마음을 도와줘 · 277

챗GPT로 필라테스 루틴 짜기 _ 278
헬스 루틴 짜기 _ 281
해 보고 싶었던 스포츠 배우기 _ 284
챗GPT는 다이어트 상담사 _ 287
살을 빼고 싶어. 단식 계획을 짜 줘 _ 292
근육을 키우고 싶어. 나에게 맞는 방법을 찾아 줘 _ 295
운동 습관 만들기 _ 298
골프 치기 _ 302
살을 빼기 위한 라이프 코치 _ 305
워라밸을 위한 라이프 코치 _ 308
여행 계획 짜기 _ 311
마음챙김(Mindfulness)과 명상 _ 314
불안함 가라앉히기 _ 317
팔레오식 식단을 짜 줘 _ 320
이 재료로 무엇을 만들 수 있을까 _ 323
불안을 가라앉히는 호흡법 도움 받기 _ 326
점심 도시락 건강식 메뉴 추천 _ 330
인테리어 도움 받기 _ 333

안전한 자동차 여행 루트 짜기 _ 336
내가 좋아하는 것으로 성격 분석하기 _ 339

챗GPT야 부자 되게 도와줘 · 343

퍼스널 브랜딩: 나 자신을 브랜딩하는 방법 _ 344
돈 모으는 방법 _ 347
주식 투자 조언을 해 줘 _ 350
주식 투자 실적발표 내용 요약 및 분석하기 _ 354
거시 경제가 주가에 미칠 영향 내다보기 _ 357
월별 수입·지출 예산표 자동 생성 _ 360
지출 내역 분류 및 절약 꿀팁 제안 _ 363
대출 상환 스케줄 짜기 _ 366

부록

1. 챗GPT의 새로운 기능, 나만의 새로운 챗봇 만들기 '내 GPT' _ 372
2. 프롬프트 엔지니어링 가이드라인 _ 376
3. 챗GPT에게 부여할 수 있는 역할 리스트 _ 378

대학 강의 뿌시기

사용한 프롬프트: A college student looking at you giving you a sheet of paper, retro marvel comic book style. (대학생이 당신을 보며 종이를 주고 있다. 레트로 마블 코믹북 스타일)

기본 프롬프트

나는 대학에서 현재 인류학 수업을 듣고 있어. 교수님이 주신 자료를 줄게. 이것을 알기 쉽게 설명해 줘.
I am taking an anthropology class in college. This is what the professor gave us. Explain it to me so it is easy to understand.

🤖 구체화 프롬프트

- 나는 이 부분이 이해가 잘 안 돼. 이 부분을 다시 설명해 줘.
- 내가 5세인 것처럼 쉽게 설명해 줘.
- 이건 무슨 뜻이야?
- 이건 왜 그런 거야?
- 이것을 이해하기 위해 내가 알아야 할 배경 지식은 무엇이야?
- 이것과 관련된 이론을 알려 줘.
- 이것을 더 잘 이해하려면 내가 무엇을 더 공부해야 할까?
- 이 이론과 관련된 책이나 논문을 추천해 줘.
- 이 부분과 관련된 연습 문제를 내 줘.
- 시험 범위가 (   )에서 (   )까지야. 시험 문제를 내 줘.
- 비유를 들어 설명해 줘.
- 이것은 (   )으로 이해할 수 있을까? 내가 이해한 것이 맞아?

🤖 Vision 프롬프트

대학 강의 뿌시기

교수님이 주신 파워포인트 슬라이드야. 이것에 대해 설명해 줄래?
These are PPT slides that our professor gave us. Can you explain these slides?

구체화 프롬프트

- 내일이 시험이야. 나에게 연습 문제를 내 줘.
- 이것과 관련된 이론이 뭐야? 이 이론의 역사는 어떻게 돼?
- 이 표가 이해가 안 돼. 이 표를 알기 쉽게 설명해 줘.
- 이 그림이 시사하는 바는 무엇일까?
- 우리나라 교육의 역사적 관점에서 이 내용이 시사하는 것은 무엇일까?
- 이 전개도에 의하면 이 부분은 어떻게 해야 하는 거야?
- 이 순서도에 따르면 실행에 있어 문제가 생겼을 때 어떻게 해야 할까?
- 여기 그래프를 추가로 올려 줄게(그래프 추가). 파워포인트의 내용이 이 그래프와 상충되는 부분이 있어?
- 교수님은 이 예시를 왜 주셨을까? 이 예시가 특이하거나 중요한 이유가 있어?

실제 활용 사례

저는 기초가 부족한 대학생입니다. 중·고등학교 때 공부를 열심히 하지 않아서 기본적인 지식이 누적되어 있지가 않아요. 그래서 대학 수업을 듣는 데에 많은 어려움이 있습니다.

그러나 챗GPT는 제 인생을 바꿔 놓았습니다.

대학에서 생화학 수업을 들었습니다. 모든 과목 중 악명 높도록 가장 어려운 과목입니다. 절반 정도의 학생이 학기 중에 드롭을 합니다. 저는 기초 수학, 화학이 부족하여 이 과목이 너무나도 어려웠습니다.

그런데 챗GPT를 이용하여 이 수업에서 A를 받을 수 있었습니다. 저는 교수님이 주신 파워포인트를 한 장 한 장 챗GPT에 넣고 설명을 해 달라고 했습니다. 이해가 안 되면 더 쉽게 설명해 달라고 했고, 슬라이드마다 그에 해당되는 연습 문제를 만들어 달라고 했습니다. 그렇게 저는 하나하나 천천히 제 속도에 맞게 배워 나갔어요.

그리고 예상되는 시험 문제를 내 달라고 해서 그것으로 시험 준비를 했습니다.

그렇게 하여 저는 이 수업에서 A를 받았습니다. 화학뿐 아니라 수학, 통계, 문학 등 다른 과목에서도 이렇게 활용을 할 수가 있었습니다.

챗GPT는 최소한의 비용으로 제 인생을 바꾸어 놓았습니다. 저는 OpenAI사가 너무나도 고맙습니다.

– Reddit 유저 u/ca********broth –

문제집 같이 풀기

사용한 프롬프트: Mom and son sitting next to each other at a desk. Son is studying with a book and mom is working on her laptop. Mom is a marvel hero. Draw that in retro comic book style. (엄마와 아들이 책상에 나란히 앉아 공부를 하고 있다. 아들은 책을, 엄마는 노트북을 갖고 일하고 있다. 엄마는 마블 히어로이다. 레트로 코믹북 스타일로 그려 줘)

 기본 프롬프트

이 문제 좀 풀어 줘.

Help me solve this problem.

구체화 프롬프트

- (객관식 문제의 경우 그대로 넣고 답을 골라 달라고 한다.)
- 예: (객관식 문제 질문과 선택지 1을 입력하고) 이것은 맞아 틀려? (선택지 1, 2, 3…에 대하여 반복)
- 왜 이것은 답이 아니야?
- 이 문제와 관련된 이론은 무엇이야?
- 이 문제를 풀기 위해 필요한 배경 지식은 무엇일까?
- 이 문제는 어떻게 접근하는 것이 좋을까?
- 초등학교/중·고등학교/대학교 수준에서 다시 설명해 줘.

Vision 프롬프트

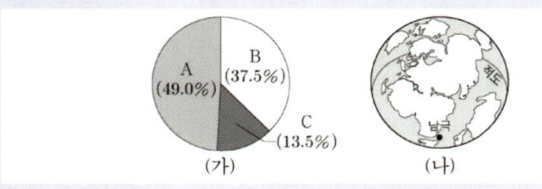

10. 그림 (가)는 40억 년 전부터 현재까지의 지질 시대를 구성하는 A, B, C의 지속 기간을 비율로 나타낸 것이고, (나)는 초대륙 로디니아의 모습을 나타낸 것이다. A, B, C는 각각 시생 누대, 원생 누대, 현상 누대 중 하나이다.

이 자료에 대한 설명으로 옳은 것만을 〈보기〉에서 있는 대로 고른 것은?

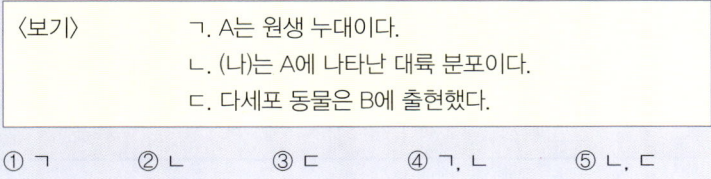

〈보기〉
ㄱ. A는 원생 누대이다.
ㄴ. (나)는 A에 나타난 대륙 분포이다.
ㄷ. 다세포 동물은 B에 출현했다.

① ㄱ   ② ㄴ   ③ ㄷ   ④ ㄱ, ㄴ   ⑤ ㄴ, ㄷ

출처: 한국교육과정평가원 https://www.suneung.re.kr/boardCnts/list.do?boardID=1500234&m=0403&s=suneung# (2022 수능문제)

이 문제 좀 풀어 줘.

Solve this problem.

🤖 구체화 프롬프트

- 논리적으로 생각해 보자. 이 문제는 무엇을 묻는 문제일까?
- 이 문제를 풀기 위해서 알아야 하는 배경 지식은 무엇일까?
- 이 문제는 어떠한 논리적 사고를 해야 할까?
- 이 문제에서 왜 (   )는 답이 아닐까?
- (자신이 아는 이론을 입력한 후) 이 이론에 비추어 이 문제의 답은 무엇일까?

챗GPT 200% 활용하기

챗GPT의 답이 틀릴 때
- 한국어 객관식 문제의 답을 잘 못 찾는 경우가 있다. 이럴 때에는 문제를 주관식으로 바꾸어 하나하나 확인한다.
- 한국어로 질문을 했을 때가 영어로 했을 때보다 오답의 확률이 높다. 그럴 때에는 문제를 영어로 번역하여 질문해 본다.

답변정확도
GPT-4 영어 85.5%
GPT-3.5 영어 70.1%
GPT-4 한국어 77.0%
(출처: Openai.com)

실제 활용 사례

저의 중3 아들이 화학 시험을 보는 날이었어요. 새벽에 같이 학교 앞 커피숍에 가서 공부를 했습니다. 아들은 문제집을 풀고 저는 노트북으로 일을 하고 있었죠. 그런데 아들이 문제를 다 풀고는 채점하려고 보니 답안지를 안 가져온 것이었어요.

화학은 수학처럼 계산도 해야 하고 정답이 뚜렷한 과목이잖아요. 시험이 잠시 후인데 답안지를 안 가져오다니!

우리가 갖고 있는 것은 달랑 노트북 하나였어요. 그때 저에게 아이디어가 떠올랐어요.
"우리 챗GPT한테 물어보자."

나: 산화철은 자석에 붙을까 안 붙을까?
챗GPT: 산화철은 일반적으로 자석에 붙지 않습니다. 이는 산화철이 자체적으로 자기장을 생성하지 않기 때문입니다.
나: 분자수와 계수비는 항상 같아?
챗GPT: 분자수와 계수비는 일반적으로 같지 않습니다. 분자수는 화학식에 나타나는 원자와 이온의 수를 의미하고, 계수비는 반응식에서 각 물질이 출현하는 계수의 비율을 의미합니다.
예를 들어, 2H2 + O2 → 2H2O의 반응식에서 분자수는 6(2+1+2+1)이지만, 계수비는 2:1:2입니다. 이는 2 분자의 수소가 1 분자의 산소와 반응하여 2 분자의 물이 생성된 것을 나타내는 계수비입니다.
따라서 분자수와 계수비는 서로 다른 개념이며, 화학식과 반응식에서 각각의 의미를 가집니다.

챗GPT는 할루시네이션도 가끔 하기 때문에 여러 차례 확인하는 것이 좋습니다. 그래서 영어로도 물어보고 문제를 이리저리 돌려서도 물어보았습니다. 문제집을 풀 때 이젠 답안지가 없어도 답을 확인하는 시대가 되었네요.

– Reddit 유저: u/ ci****er

챗GPT 답변 예시

▶ 화학식 H2는 원소야 아니야?

◆ H2는 원소가 아닌 분자입니다. 여기서 "H"는 수소 원소를 가리키며, "2"는 이들 원소가 두 개 있다는 것을 나타냅니다. 따라서 H2는 두 개의 수소 원소가 결합하여 만든 수소 분자를 나타냅니다.

▶ MgO는 화합물이야 아니야?

◆ 네, MgO는 화합물입니다. MgO는 마그네슘(Mg)과 산소(O)의 화합물로서 마그네슘 옥사이드라고 불립니다. 이는 다른 원소들이 화학적 반응을 통해 결합하여 새로운 물질을 형성하는 경우, 그 결과물을 '화합물'이라고 부릅니다.

▶ CH4는 분자야 아니야?

◆ 네, CH4는 분자입니다. CH4는 메탄이라고 부르는 화합물의 화학식으로, 이는 한 개의 탄소 원소 (C)와 네 개의 수소 원소 (H)가 결합한 것을 나타냅니다. 여기서 "4"는 수소 원소가 네 개 있다는 것을 의미합니다. 따라서, CH4는 메탄 분자를 표현합니다.

어려운 논문 쉽게 읽기

사용한 프롬프트: A student trying to read an article but she is frustrated. Retro comic book style. (학생이 논문을 읽으려고 하는데 몹시 스트레스 받고 있다. 레트로 코믹북 스타일로)

기본 프롬프트

이 글은 네이처 저널에 실린 논문이고 제목은 （　）야. 쉽게 설명해 줘.
This is a research article published in Nature and the title is (　).
Explain this article to me like I am a child.

🤖 구체화 프롬프트

- 내가 논문을 부분 부분 잘라서 넣어 줄게. 전체를 고려하여 쉽게 설명해 줘.
- 나는 이 문단/문장이 이해가 안 돼.
- 내가 5세인 것처럼 쉽게 설명해 줘.
- 이 연구가 이전의 연구와 다른 점은 뭐야?
- 이 연구에서 어떤 의미 있는 결과를 찾아냈어?
- 이 논문을 쉽게 요약해 줘.
- 이 논문의 내용을 개조식(bullet point)으로 정리해 줘.
- 이 논문은 어떤 맥락에서 나온 거야? 연구자들은 이 연구를 왜 한 거야?
- 연구자들은 어떤 문제를 해결하기 위해 이 논문을 썼어?
- 이 논문이 현재 우리가 알고 있는 지식을 어떻게 변화시켜?
- 이 논문이 의학/사회학/심리학에 시사하는 바가 무엇이야?

🤖 Vision 프롬프트

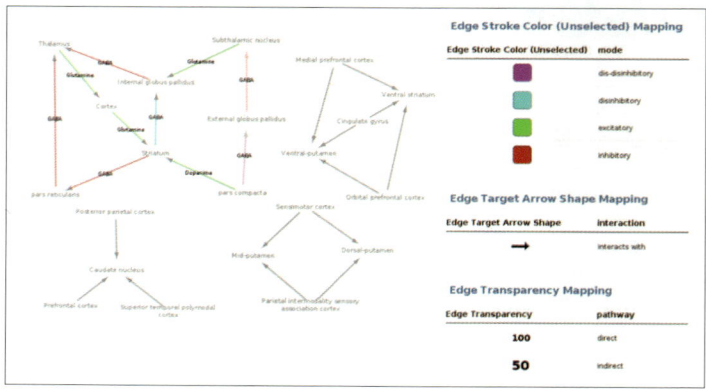

출처: Creative Commons(CC)

이 그림은 이 논문에 실린 그래프야. 이 그림을 쉽게 설명해 줘.
This is a graph from the research paper. Explain this to me.

🤖 구체화 프롬프트

- 이 그림에서 (   )는 (   )에 어떠한 영향을 미친다고 볼 수 있을까?
- 이 그래프가 설명하고자 하는 내용의 핵심은 뭐야?
- 이 그래프에서 (   )과 (   )의 차이는 뭐야?
- 이 그래프에 더 구체적 내용을 더한다면 어떤 것을 더하겠어?
- 이 그래프가 (   ) 분야에 시사하는 바는 무엇일까?
- 나는 지금 이런 논문을 쓰고 있어. 내 논문에 이 그래프가 시사하는 바는 무엇일까?
- 이 그래프를 (   )의 관점에서 비판해 봐.

챗GPT 200% 활용하기

- 챗GPT의 할루시네이션 가능성을 최소화하는 방법은 영어 논문에 대하여 영어로 질문하고, 영어로 답변을 받고, 이를 한국어로 다시 번역해 달라고 하는 것이다.
- 반면, 할루시네이션 가능성을 최대화하는 방법은 특수한 용어를 많이 사용한 한국어 논문에 대해 한국어로 질문하고, 한국어로 답변해 달라고 하는 것이다. 한국어 데이터는 영어 데이터보다 훨씬 적게 학습되어 있는 데다가 논문은 일반적으로는 잘 사용하지 않는 특수 용어나 전문 용어를 사용하기 때문에 데이터가 절대적으로 부족하기 때문이다. 그래서 우리에게도 생소한 고유명사가 많은 한국 역사에 대한 질문에 대해서 챗GPT는 아무 말 대잔치를 할 가능성이 높다.
- 할루시네이션을 줄이는 방법은 내가 하고자 하는 그 질문을 하기 전에 여러 자료들을 넣어 주고 몇 번의 주고받기 대화를 한 후 내가 하고자 했던 질문을 하는 것이다.

> ### 더 알아보기

할루시네이션을 최소화하여 논문 읽기

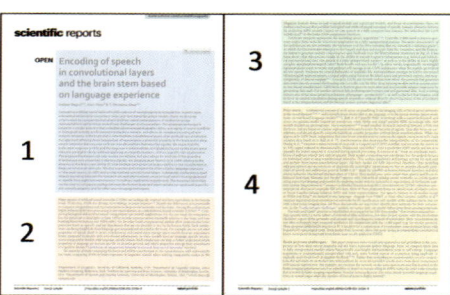

1. 챗GPT에 논문의 제목과 초록(abstract)을 복사 → 붙여넣기 한다. PDF의 경우 띄어쓰기가 없이 붙여넣기가 될 때도 있으나 신경 쓰지 않아도 된다. 제목과 초록을 먼저 줌으로써 논문에 대한 전반적 맥락을 제공한 후, 그다음 세부적 내용으로 가면 챗GPT가 할루시네이션을 할 가능성이 조금 줄어든다.

2~4. 문단별로 긁어서 붙여넣기 해 가며 설명해 달라고 요청한다. 논문을 깊이 이해하고 싶다면 한 문단, 한 문단, 차근차근 챗GPT와 함께 공부해 나간다. 대략적인 이해만 원한다면 4처럼 조금 더 길게 긁어서 붙여넣기 해도 된다.

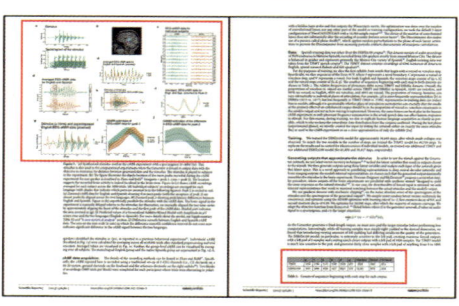

표와 그래프: 논문 중에 나오는 표와 그래프는 논문의 이해에 있어서 핵심적인 부분이니 건너뛰지 말라. 논문의 표와 그래프는 보통 그 논문의 중요한 연구 결과를 한눈에 알아볼 수 있게 정리해 놓은 논문의 '엑기스'인 경우가 많다. 그림을 스크린 캡쳐해서 챗GPT에 넣고 해석해 달라고 한다. 이때 이미 논문에 대해 챗GPT와 대화를 하고 있었다면 더 정확하게 설명을 해 줄 것이다. 논문 전체에 대한 대화 없이 그림과 표에 대한 해석만 원할 경우 논문의 제목과 초록도 같이 넣어 주면 더 정확한 답변을 얻을 수 있다.

TOEFL, GRE 등 시험 공부하기

사용한 프롬프트: A student studying for TOEFL test. It says TOEFL on the book. Student is asking a robot for help with the test. Retro comic book style. (학생이 TOEFL시험 공부를 하고 있다. 책에 TOEFL이라고 쓰여 있고 학생은 로봇에게 도와 달라고 요청하고 있다. 레트로 코믹북 스타일)

기본 프롬프트

이 문제에 대한 답은 뭐야?

What is the answer to this problem?

이것과 비슷한 문제를 만들어 줘.

Make some similar problems for practice.

🤖 구체화 프롬프트

- 이 문제는 어떻게 풀어?
- 왜 (　)이 답이야? 왜 (　)은 답이 아니야?
- 이 문제를 풀기 위한 전략은 무엇이야?
- 이 문제는 어떤 능력을 보기 위한 것이야?
- 이 문제를 변형해서 내 줘.
- 이 문제를 조금 더 어렵게 바꿔 줘.
- 이 문제는 조금 더 쉽게 바꿔 줘.

🤖 Vision 프롬프트

The GRE Argument Essay

The Argument Essay of the GRE asks you to examine and critique the logic of an argument.

Argument Topic

You will be given a short passage that presents an argument, or an argument to be completed, and specific instructions on how to respond to that passage. You will have 30 minutes to plan and compose a response in which you analyze the passage according to specific instructions. A response to any other issue will receive a score of zero.

The director of the International Health Foundation recently released this announcement:

"A new medical test that allows the early detection of a particular disease will prevent the deaths of people all over the world who would otherwise die from the disease. The test has been extremely effective in allowing doctors to diagnose the disease six months to a year before it would have been spotted by conventional means. As soon as we can institute this test as a routine procedure in hospitals around the world, the death rate from this disease will plummet."

Write a response in which you examine the stated and/or unstated assumptions of the argument. Be sure to explain how the argument depends on the assumptions and what the implications are if the assumptions prove unwarranted.

출처: https://www.princetonreview.com/grad-school-advice/gre-essay-prompts

너는 GRE 에세이 채점자야. 이 문제에 대해서 나는 이렇게 답을 썼어(에세이 첨부). 문법, 논리, 설득력, 타당성을 기준으로 점수를 매겨 줘. 1은 가장 낮은 점수이고 10은 가장 높은 점수야.

You are grading GRE essay tests. This is what I wrote. Rate this paper based on grammar, logic, persuasiveness, and cogency. 1 is the lowest and 10 is the highest score.

구체화 프롬프트

- 더 좋은 글이 될 수 있도록 구체적인 피드백을 해 줘.
- 이것과 비슷한 문제를 내 줘.
- 이 문제는 어떤 전략으로 풀어야 해?
- 이 문제를 풀기 위한 논리적 사고 단계를 설명해 줘.
- 이 문제는 어떤 능력을 보기 위한 문제야?
- 이 문제에서 중요한 단어(vocabulary)는 뭐야?
- 나는 (　　)가 답이라고 생각했어. 내가 왜 틀린 거야?

챗GPT 답변 예시

 학생들이 쓴 에세이에 점수를 매겨줘. 0점에서 9점 사이의 점수를 매길 수 있어. 0점은 가장 낮은 점수이고 9점은 가장 높은 점수야.
에세이: 마음이론은 다른 사람이 어떤 생각을 하고, 무엇을 원하는지, 어떻게 느끼는지, 어떤 믿음을 가졌는지를 아는 메커니즘에 대한 이론으로 1978년 Premack & Woodruff가 제시하였고, 1985년 Baron-Cohen, Leslie, & Frith가 1985년 마음이론을 자폐성 장애의 특성을 설명하는 데에 적용하였다.
마음이론은 다른 사람의 생각이나 관점, 믿음, 느낌이 나와는 다르다는 것을 인식하는 능력을 의미한다. 마음이론은 사회적 인지발달에 있어 중요한 능력이다. 마음이론을 이용해 우리는 사회적 상호작용을 하고, 다른 사람에게 공감하고, 복잡한 사회적 관계들을 헤쳐나간다. 마음이론은 만 2세정도부터 나타나 평생에 걸쳐 발달한다.
마음이론은 다음의 요소들로 이루어져 있다. 첫째, 사람들은 마음 상태(믿음, 욕구, 의도 등)를 가졌음을 인식하는 능력; 둘째, 이러한 마음 상태는 나와 다를 수 있음을 아는 능력; 셋째, 다른 사람의 마음 상태를 관찰이나 맥락을 통해 알 수 있는 능력; 넷째, 다른 사람의 마음 상태에 대한 이해를 통해 그 사람의 행동을 예측하거나 해석하는 능력. 마음이론은 공감과는 조금 다른데, 공감이 정서적 관점 택하기라면, 마음이론은 인지적 관점 택하기라 할 수 있다.
Baron-Cohen은 마음이론과 자폐성장애에 관련하여 많은 연구를 하였다. 그는 자폐성 장애를 가진 사람은 마음이론에 있어 어려움을 가졌다고 보았으며 이를 "마음맹"으로 표현하기도 하였다. 마음맹은 타인의 마음 상태를 이해하고 해석하는 것을 어려워하는 것을 의미한다. Baron-Cohen은 유명한 Sally-Anne 테스트를 통해 자폐성장애인이 마음이론에 있어 어려움이 있다는 것을 증명해보였다. Baron-Cohen et al.(1985)는 자폐성장애 아동들이 상상놀이를 하지 않는 원인을 바로 마음이론의 결함 때문이라고 설명하였다.

 이 에세이는 주제에 대한 명확한 이해를 보여주며, 마음이론의 발전 과정과 중요성에 대해 자세하게 설명하고 있다. 또한, 자폐성 장애와 마음이론과의 관련성을 강조하고 연구 예시를 들어 설명력을 높였다. 그러나 약간의 문장 구조 개선이 필요한 부분이 있다. 전반적으로 이 에세이는 내용과 구성 면에서 높은 수준을 보여주고 있으므로, 점수를 8점으로 매겨 주겠다.

더 알아보기

다음은 OpenAI사에서 발표한 챗GPT의 시험 점수 결과표이다.

Exam	GPT-4	GPT-4 (no vision)	GPT-3.5
Uniform Bar Exam (MBE+MEE+MPT)	298 / 400 (~90th)	298 / 400 (~90th)	213 / 400 (~10th)
LSAT	163 (~88th)	161 (~83rd)	149 (~40th)
SAT Evidence-Based Reading & Writing	710 / 800 (~93rd)	710 / 800 (~93rd)	670 / 800 (~87th)
SAT Math	700 / 800 (~89th)	690 / 800 (~89th)	590 / 800 (~70th)
Graduate Record Examination (GRE) Quantitative	163 / 170 (~80th)	157 / 170 (~62nd)	147 / 170 (~25th)
Graduate Record Examination (GRE) Verbal	169 / 170 (~99th)	165 / 170 (~96th)	154 / 170 (~63rd)
Graduate Record Examination (GRE) Writing	4 / 6 (~54th)	4 / 6 (~54th)	4 / 6 (~54th)
USABO Semifinal Exam 2020	87 / 150 (99th - 100th)	87 / 150 (99th - 100th)	43 / 150 (31st - 33rd)
USNCO Local Section Exam 2022	36 / 60	38 / 60	24 / 60
Medical Knowledge Self-Assessment Program	75 %	75 %	53 %
Codeforces Rating	392 (below 5th)	392 (below 5th)	260 (below 5th)
AP Art History	5 (86th - 100th)	5 (86th - 100th)	5 (86th - 100th)
AP Biology	5 (85th - 100th)	5 (85th - 100th)	4 (62nd - 85th)
AP Calculus BC	4 (43rd - 59th)	4 (43rd - 59th)	1 (0th - 7th)
AP Chemistry	4 (71st - 88th)	4 (71st - 88th)	2 (22nd - 46th)
AP English Language and Composition	2 (14th - 44th)	2 (14th - 44th)	2 (14th - 44th)
AP English Literature and Composition	2 (8th - 22nd)	2 (8th - 22nd)	2 (8th - 22nd)
AP Environmental Science	5 (91st - 100th)	5 (91st - 100th)	5 (91st - 100th)
AP Macroeconomics	5 (84th - 100th)	5 (84th - 100th)	2 (33rd - 48th)
AP Microeconomics	5 (82nd - 100th)	4 (60th - 82nd)	4 (60th - 82nd)
AP Physics 2	4 (66th - 84th)	4 (66th - 84th)	3 (30th - 66th)
AP Psychology	5 (83rd - 100th)	5 (83rd - 100th)	5 (83rd - 100th)
AP Statistics	5 (85th - 100th)	5 (85th - 100th)	3 (40th - 63rd)
AP US Government	5 (88th - 100th)	5 (88th - 100th)	4 (77th - 88th)
AP US History	5 (89th - 100th)	4 (74th - 89th)	4 (74th - 89th)
AP World History	4 (65th - 87th)	4 (65th - 87th)	4 (65th - 87th)
AMC 10[3]	30 / 150 (6th - 12th)	36 / 150 (10th - 19th)	36 / 150 (10th - 19th)
AMC 12[3]	60 / 150 (45th - 66th)	48 / 150 (19th - 40th)	30 / 150 (4th - 8th)
Introductory Sommelier (theory knowledge)	92 %	92 %	80 %
Certified Sommelier (theory knowledge)	86 %	86 %	58 %
Advanced Sommelier (theory knowledge)	77 %	77 %	46 %
Leetcode (easy)	31 / 41	31 / 41	12 / 41
Leetcode (medium)	21 / 80	21 / 80	8 / 80
Leetcode (hard)	3 / 45	3 / 45	0 / 45

출처: OpenAI(2023). GPT4 Technical Report. https://arxiv.org/pdf/2303.08774.pdf

맨 첫 줄의 Uniform Bar Exam은 미국의 변호사 시험이라고 볼 수 있다. GPT-4에게 문제를 풀게 하니 100명 중 상위 10%의 점수를 받은 것으로 나타났다. 두 번째 줄의 LSAT은 미국의 로스쿨에 들어가기 위해 봐야 하는 시험인데 GPT-4는 100명 중 상위 12%의 점수를 받은 것으로 나타났다. 미국의 대학입학을 위해 봐야 하는 시험인 SAT의 경우 읽기와 쓰기는 상위 7%, 수학은 상위 11%를 기록하였다. 그리고 미국의 대학원 입학을 위해 봐야 하는 시험인 GRE의 경우 언어(Verbal)의 경우 상위 1%, 수리(Quantitative)의 경우 상위 20%, 쓰기(writing)의 경우 50% 정도의 점수를 받은 것으로 나타났다. 한편, GPT-3.5의 성능은 훨씬 낮다는 것을 볼 수 있다. 특히 변호사 시험 같은 경우 하위 10%, LSAT의 경우 하위 40%, GRE 수리는 하위 25%, 심지어 GRE 언어도 하위 63%에 해당되는 점수를 받았다는 것을 알 수 있다. 이 연구 결과가 우리에게 시사하는 바는, 중요한 시험 공부를 할 때에는 GPT-4를 사용하는 것이 GPT-3.5 보다는 안전하다는 것이다. 위 연구 결과는 가장 정확도가 높은 영어 지문, 영어 프롬프트, 영어 답변을 연구한 것이므로 한국어 지문, 한국어 프롬프트, 한국어 답변을 사용한다면 이보다 낮은 정확도가 나올 것을 감안하고 사용해야 한다.

어려운 책 읽기

사용한 프롬프트: A man is reading a book. The man is confused because book is difficult. The book is complex and alive. The Book is staring back at the man. Bizarre book. Retro comic book style. (남자가 책을 읽고 있다. 책이 어려워서 남자는 혼란스럽다. 책은 복잡하고 살아 있고 남자를 쳐다보고 있다. 이상한 책이다. 레트로 코믹 북 스타일)

기본 프롬프트

나는 국부론이라는 책을 읽고 있어. 내용이 너무 어려워. 쉽게 설명해 줘.

I am reading a book called 'The Wealth of Nations'. It is too difficult for me to understand. Can you explain it to me so I can understand it better?

🤖 구체화 프롬프트

- 이 책은 누가 언제 쓴 책이고 무엇에 대한 책이야?
- 이 책을 읽고 보고서를 써야 하는데 내용이 이해가 잘 안 돼. 도와줄래?
- 이 부분의 내용을 요약해 줘.
- 이것은 이 책의 서문이야. 이 책에서는 어떤 내용을 이야기하려고 하는 걸까?
- 이것은 이 책의 1장의 일부분이야. 나는 여기서 (   )가 이해가 안 돼. 설명해 줄래?
- 내가 5세인 것처럼 생각하고 쉽게 풀어서 설명해 줘.
- 내가 이해한 바로는, 이 이론은 이러이러하게 적용될 수 있어. 내가 맞게 이해한 거야?
- 비유를 들어 설명해 줘.
- 내가 요리사라고 생각하고 비유를 들어 설명해 줘.
- 이 책의 링크가 여기 있어. 이 책을 요약 정리해 줘.
- 이 책의 챕터 1을 요약해 줘. 여기에서 흥미로운 이야기는 무엇이야?

Vision 프롬프트

여기 색칠한 부분에 대해서 더 쉽게 설명해 줄래?

Could you explain the highlighted part here more simply?

 구체화 프롬프트

- 여기서 이 용어는 어떤 의미로 사용된 거야?
- 저자는 어떤 가치관(혹은 존재론, 인식론, 방법론, 인간관)을 갖고 있어?
- 저자가 여기에서 주장하는 것은 무엇이야?
- 저자는 이 책을 왜 썼을까?
- 이 글에서 가장 중요한 것은 무엇이야?
- 이 글에서 가장 흥미로운 점들을 얘기해 줘.

더 알아보기

어려운 책에는 철학책이나 영어 원서, 불어 소설만 있는 것이 아니다. 이런 우리에겐 낯선 문자도 챗GPT는 어느 정도 해석이 가능하다. 못 한다고 답을 할 경우 "아는 단어만이라도 알려 줘."라고 요청하면 된다.

이집트 상형 문자
여기서 아는 단어만 얘기해 줘.
What are some words that you recognize here?

고대 그리스어
여기서 알아볼 수 있는 부분만 해석해 줘.
Translate the recognizable portion.

그리스어
여기 뭐라고 쓴 거야?
What does it say?

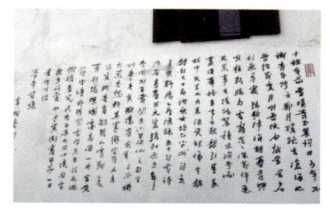

흘려 쓴 한자
이 중 알아볼 수 있는 단어를 얘기해 줘.
Translate what you can read.

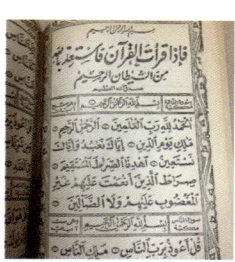

아랍어
여긴 뭐라고 쓰여 있어?
What words do you recognize here?

오래된 책
이 페이지에 뭐라고 쓰여 있어?
What is this page about?

채점해 주세요

사용한 프롬프트: Grading machine, retro comic book style. (채점하는 기계, 레트로 코믹북 스타일)

🤖 기본 프롬프트

이건 내가 쓴 에세이야. 점수를 매겨 줘.

This is my essay. Rate this.

0점은 가장 낮은 점수이고 10점은 가장 높은 점수야.

0 is the lowest and 10 is the highest score.

🤖 구체화 프롬프트

- 이 글은 (   )을 목적으로 쓴 글이야.
- 이 글의 논리성을 중점적으로 봐 줘.
- 너는 글을 리뷰하는 리뷰어야.
- 너는 이 답을 평가하는 심사자야.
- 내가 쓴 답에 대한 피드백을 해 줘.
- 채점 기준(루브릭)은 다음과 같아(루브릭 삽입). 이 루브릭을 참고하여 채점해 줘.
- 이 글/답을 어떻게 더 잘 쓸 수 있을까?
- 이 글/답의 퀄리티를 어떻게 더 향상시킬 수 있을까?

🤖 Vision 프롬프트

좋은 디자인	나쁜 디자인
휠체어를 탄 사람이 올라갈 수 있도록 경사로가 있고, 호출벨이 있어 문제가 있을 때는 직원을 불러서 도움을 받을 수 있다.	손에 짐이 많거나 키가 작은 사람은 뚜껑을 위로 올려 쓰레기를 넣기 어렵다.
키가 작은 아이들이 올라가서 현관 비밀번호를 칠 수 있는 장치 미끄럼 방지 및 흔들리지 않게 고정함. 사고 위험 감소	시각장애인의 경우 지팡이를 짚고 가다가 지팡이가 울타리를 감지하지 못해 울타리의 존재를 모르고 다칠 위험이 있다.
장애인 전용 주차구역을 다른 일반 주차구역과 다른 색으로 채워서 직관적으로 구별이 잘 되게 표시하였다.	아이들이 뛰어가다 앞을 못봐서 넘어지기도 하고, 길이 좁아서 시각 장애인, 휠체어를 탄 분들이 이 길로 다니지 못한다.
시각장애인을 위한 정류소의 점자와 음성메세지 기능	휠체어를 탄 사람들 혹은 어린 아이들은 높은 턱을 넘기 힘들 수 있다.

이것은 학생들에게 보편적 설계를 가르치기 위해 내준 숙제야. 점수를 매겨 줘. 루브릭은 다음과 같아(루브릭 삽입).

This is an assignment for teaching students about universal design. Please grade it. The rubric is as follows(insert the rubric).

🤖 구체화 프롬프트

- 점수를 더 잘 받으려면 어떻게 보완해야 할까?
- 이 글/답/과제의 잘한 점과 잘못한 점에 대해 피드백을 해 줘.
- 여기에 무엇을 더 추가하면 좋을까?
- 논리에 맞지 않는 것이 있어?
- 더 창의적으로 하려면 어떻게 보완하면 좋을까?

챗GPT 200% 활용하기

챗GPT가 가끔 채점을 거부할 때가 있다. 그럴 때에는 단어를 바꿔서 넣어 보자. "점수를 매겨 줘." "평가를 해 줘." "심사를 해 줘." 등을 넣어 본다.

에세이 형식의 과제를 채점할 때 많은 시간을 절약해 줄 수 있다. 단, 챗GPT의 할루시네이션 문제가 있으므로 점수는 최종적으로는 선생님이 판단하되, 챗GPT가 글에 대해 주는 피드백은 좋은 참고 자료가 될 수 있다.

더 알아보기

루브릭이란?

루브릭이란 채점 기준을 의미한다. 일반적으로 루브릭은 이런 식으로 생겼다. 이러한 루브릭을 통째로 비전 프롬프트로 제시해도 되고, 기준을 풀어서 텍스트로 제시해도 된다.

	글의 독창성: 글의 주제가 독창적인가?	글의 명료성: 글의 의미를 명료하게 전달하는가?	글의 논리성: 글의 구성이 논리적인가?
우수함 (5점)	글의 주제가 매우 독창적이다.	글의 의미가 명료하게 전달된다.	글의 구성이 논리적이다.
양호함 (3점)	글의 주제가 어느 정도 독창적이다.	글의 의미가 어느 정도 전달된다.	글의 구성이 전반적으로 논리적이지만 안 그런 곳도 있다.
부족함 (1점)	글의 주제가 독창적이지 않다.	글의 의미가 전달되지 않는다.	글이 전반적으로 논리적이지 않다.

철학자와 토론하기

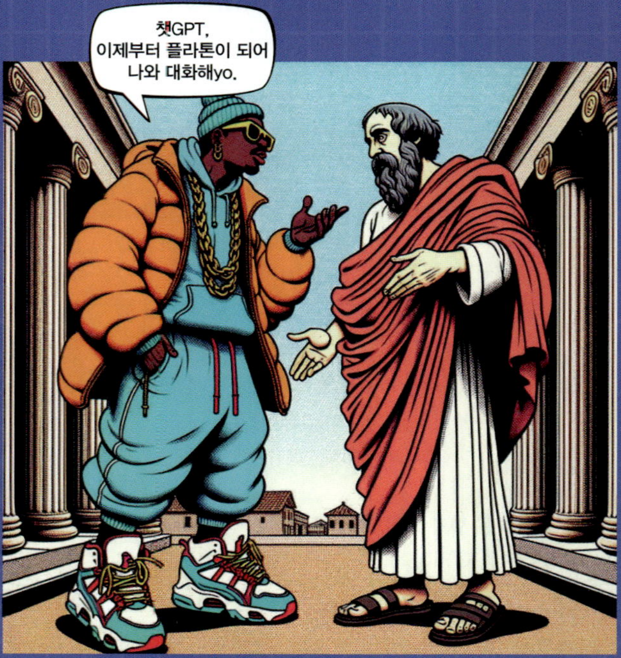

사용한 프롬프트: A person in hiphop attire talking to Plato, retro comic style.
(힙합 복장의 사람이 플라톤과 대화하고 있다. 레트로 코믹북 스타일)

 기본 프롬프트

너는 이제부터 철학자 미셸 푸코가 되어 나와 대화하는 거야. 내가 시작할게. 안녕 푸코! 오늘은 무슨 생각을 했어?

You are now going to be the philosopher Michel Foucault, and we are going to have a conversation. I'll start. Hello, Foucault! What thoughts have you had today?

🤖 구체화 프롬프트

- 푸코야, 사람들은 왜 권력을 추구할까?
- 너는 권력이 없는 사회가 가능하다고 생각해?
- 푸코 너는 일상생활에서의 권력에 대하여 이야기했지. 우리의 말은 어떻게 권력이 되지?
- 내가 사용하는 이 컴퓨터, 챗GPT와 같은 AI는 어떻게 권력의 도구가 되지?
- 내가 아주 호화로운 호텔에 들어간다고 하자. 그 호텔의 인테리어 디자인에는 어떠한 권력적 요소가 숨어 있을까?
- 학교의 건물 디자인에도 권력과 관련된 상징이 있어? 어떤 것들이 있을까?
- 권위적이지 않은 학교 건물 디자인은 어떻게 생겼을까?
- 푸코, 너의 책 광기의 역사를 읽어 보진 않았어. 그 책의 내용을 저자로서 요약해 줄래?
- 광기의 역사에 의하면 장애는 어떻게 만들어지는 거야?
- 푸코, 너는 어떻게 그런 생각을 하게 되었어? 어떤 계기가 있었어?

🤖 Vision 프롬프트

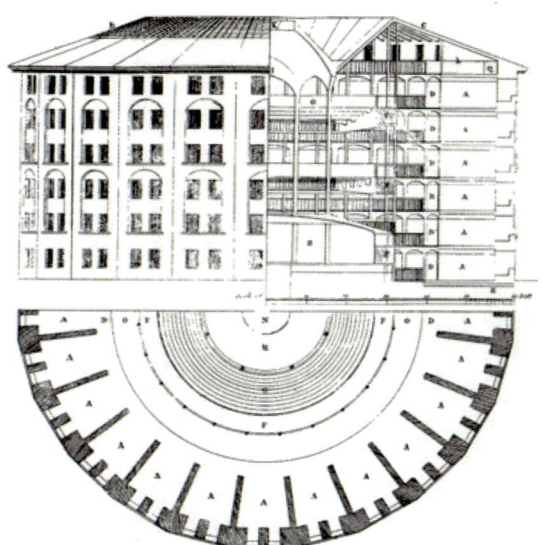

출처: Creative Commons(CC)

철학자 푸코가 되어 나와 대화하는 거야. 내가 시작할게. 푸코야, 이 그림이 의미하는 것은 뭐야?

You are the philosopher Foucault. Have a conversation with me. I'll start. Foucault, what does this picture symbolize?

🤖 구체화 프롬프트

- 푸코야, 이 그림은 권력과 무슨 관계인 거야?
- 푸코야 어떤 계기로 빌딩의 디자인에 대하여 생각하게 되었어?
- 너는 학교 빌딩 디자인에 대해서 어떻게 생각해? 이 그림과 어떤 관련성이 있어?
- 요즘 감옥도 이렇게 지어? 요즘 감옥은 디자인에 있어서 더 민주적

이야? 그것은 너의 영향이라고 볼 수 있어?
- 사회에서 권력이 완전히 사라지면 어떤 모습이 될까?
- 인간은 권력을 추구하면서 어떻게 동시에 민주주의를 추구할까? 우리는 우리 자신을 속이고 있는 걸까?

챗GPT 답변 예시

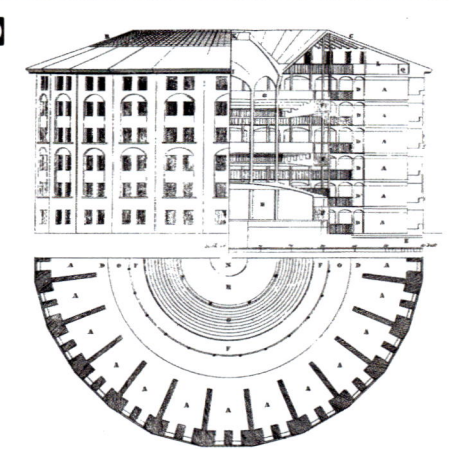

푸코가 되어 나와 토론해 줘. 푸코야, 이 건물의 디자인은 어떤 의미가 있어?

 이 그림은 18세기 말의 파놉티콘의 구조를 나타내는 것 같습니다. 프랑스의 철학자 미셸 푸코는 그의 저서 "감시와 처벌"에서 이러한 구조를 분석하여 권력의 동작 방식과 근대 사회에서의 감시 메커니즘에 대한 통찰을 제공했습니다.

파놉티콘은 원형의 구조로 중앙의 감시탑에서 수감자들을 계속해서 감시할 수 있는 형식의 감옥입니다. 수감자들은 항상 감시당하고 있음을 인식하지만, 감시자가 언제 그들을 관찰하고 있는지는 알 수 없습니다. 이로 인해 수감자들은 항상 감시를 받고 있다고 느끼게 되어 스스로 행동을 조절하게 됩니다.

푸코는 이러한 구조가 근대 사회에서 권력이 작동하는 방식을 반영한다고 주장했습니다. 즉, 감시와 규제를 통해 개인들이 스스로를 조절하도록 만드는 메커니즘이다. 이렇게 개인들이 스스로를 감시하고 규제하게 되면, 중앙 집권적인 권력이 개인의 생활에 간섭할 필요가 줄어들게 됩니다.

따라서, 이 건물의 디자인은 권력의 동작 메커니즘과 개인의 자기 규제에 대한 깊은 통찰을 제공합니다.

학문적 토론하기

사용한 프롬프트: Scholars having an academic discussion, comic style. (학자들이 학술적 토론을 하고 있다. 코믹 스타일)

기본 프롬프트

우리 복잡성 이론에 대하여 토론하자.

Let's discuss about Complexity Theory.

구체화 프롬프트

- 복잡성 이론과 양자 이론은 어떤 연관성이 있어?
- 나비효과는 실제 관찰할 수 있어? 복잡성 이론과 나비효과의 관계

는 뭐야?
- 복잡성 이론에 대해 더 잘 설명해 줘. 그에 대한 비판적 관점도 설명해 줘.
- 복잡성 이론의 발전 과정에 대해 설명해 줘. 어떤 역사적 사건들이 영향을 미쳤어?
- 내가 경험한 것은 이론적으로 어떻게 설명될 수 있을까?
- 이 이슈에 대해 최근 이런 연구 결과가 밝혀졌어. 이것이 시사하는 바는 무엇일까?
- 앞으로 이 이론은 어떤 방향으로 발전될까? 현재 내가 하는 일이 어떻게 이것에 기여할 수 있을까?
- 사람들은 왜 이렇게 행동할까?/물질은 왜 이런 특성을 가질까?
- 관점에 따라서 이 현상에 대한 해석이 달라지겠지. 어떤 관점과 해석이 가능할까?
- 나는 이 문제에 대해서 이렇게 생각하는데 이것은 타당한 생각일까?

 Vision 프롬프트

출처: Creative Commons(CC)

이 실험은 뭘 한 거야? 여기서 나온 이론은 현재 어떤 분야에서 활용되고 있어?

What was the purpose of this experiment? How is the theory derived from it currently being applied in any field?

🤖 구체화 프롬프트

- 이 실험은 누가 했어? 왜 했어?
- 여기서 알게 된 것들이 뭐야? 내가 5세라고 생각하고 쉽게 설명해 줘.
- 이 실험의 윤리적 문제는 뭐야?
- 현대에 내가 이 실험을 다시 한다면 어떻게 윤리적으로 할 수 있을까?
- 이 실험의 결과가 교육법에는 어떤 영향을 미쳤어?
- 이 실험의 결과가 선진국의 학교 정책에 미친 영향은 뭐야?
- 나는 여기서 어떤 점을 배울 수 있을까?

챗GPT 200% 활용하기

GPT에서는 파일을 첨부할 수 있다. 이론이나 실험에 대하여 토론할 때 관련 문헌을 파일로 먼저 올려 주고 토론을 하면 할루시네이션을 줄일 뿐 아니라 조금 더 깊이 있는 토론이 가능하다.

챗GPT 답변 예시

Do you know what this experiment is about?

 Yes, the images you've provided are reminiscent of the "Bobo Doll Experiment" conducted by psychologist Albert Bandura in the early 1960s. The experiment was designed to study observational learning, specifically the role of modeling in human behavior. Children were exposed to an adult acting aggressively towards a Bobo doll, and then the children's subsequent behavior with the doll was observed. The main finding was that children who observed the aggressive behavior were more likely to imitate that behavior when given the opportunity. This experiment provided evidence for Bandura's Social Learning Theory, which posits that people can learn through observing others' behaviors and the consequences of those behaviors.

실제 활용 사례

깊이 있는 철학적, 심리학적 토론을 위한 프롬프트 예시는 다음과 같다;
"우리 사회심리학에 대해서 토론하자.

노숙자를 보면, 나는 그 사람을 불쌍하게 생각해. '얼마나 추울까?' '얼마나 배고플까?' 생각하지. 그래서 길 가다가 노숙자를 보면 내가 가진 돈이나 음식을 주곤 해. 그리고 우리 사회의 시스템이 실패했다는 생각을 하곤 해. '우리 사회가 잘못 된 거야!' 분노하며 우리 사회를 어떻게 바꿀 수 있을까 고민에 빠지곤 해. 세상에 노숙자가 되고 싶어 되는 사람은 없을 테니까.

그런데 어느 날 내가 도와주려던 노숙자가 나를 공격했어. 그랬더니 정말 신기하게도 그 사람을 도와주어야겠다는 생각, 우리 시스템이 잘못되었다는 생각이 싹 사라지는 거야. 갑자기 그 사람에 대해서 적대적이 되는 나 자신을 발견했어. 나는 내가 노숙자를 도와줄 때 정의롭다고 생각했는데, 거기에는 조건이 있는 것이었더라고. '저 사람이 나를 해하지 않는다는 조건하에서 나는 저 사람을 도와줄 것이다.'라는 조건. 이 세상에 나를 공격하는 사람까지 사랑할 수 있는 사람이 있을까? 부모와 예수가 아니고서는 불가능하지 않을까?

생각해 보면 이 문제는 사회적 현상으로 확대가 될 수 있어. 우리 사회에 이민자들이 들어왔을 때 우리들은 그 사람과 그 문화를 포용해야 한다고 얘기하곤 하지. 하지만 그 사람들이 범죄를 저지르고 사회 질서를 어지럽힌다면, 혹은 원래 있던 사람들이 세금을 많이 내야 하게 된다면 이민자를 받으면 안 된다는 반대 운동이 일어날 거야. 혹은 그 이민자들이 많은 권력을 갖게 되면 그들이 두려워서 견제하고 차별하는 사람들이 생길 거야.

이게 나의 갈등이야. 우리는 선한 일을 하고 싶어 하고 옳은 선택을 하고 싶어 하지만 자신이 피해를 당하게 되면 갑자기 마음이 바뀌게 돼. 그런데 이게 노력으로는 다시 원래의 마음으로 잘 안 돌아가더라구. 우리는 왜 갑자기 마음이 바뀌는 걸까? 우리 마음속에서 무슨 일이 벌어지고 있는 걸까? 이 현상에 대한 이름이 있을까? 나는 이 현상을 더 잘 이해하고 싶어. 내 개인적인 문제뿐 아니라 사회적인 문제까지도 연결이 되어 있기 때문이야.

그리고 정말로 인간은 완전하게 선할 수는 없는 걸까?"

연습 문제로 공부 마스터하기

사용한 프롬프트: A woman with wings flying with birds, holding a notepad and a pen, writing something, retro comic style. (어떤 여자가 날개를 달고 새들과 함께 날고 있어. 노트패드와 펜을 들고 뭔가를 쓰고 있어. 코믹북 스타일로 그려 줘)

기본 프롬프트

나는 비행의 원리에 대하여 공부하고 있어. 퀴즈를 내 줘.

I am studying the principles of flight. Develop a quiz for me.

구체화 프롬프트

- 여기 관련 내용이 있어(관련 내용 삽입).

- 여기 샘플로 연습 문제 몇 개 넣어 줄게. 이것을 참고해서 문제를 만들어 줘.
- 나는 이 부분이 약해. 이 부분을 집중적으로 연습하고 싶어.
- 난이도를 더 높여 줘/낮춰 줘.
- 예전에 내가 틀렸던 문제들이야. 이것과 비슷하게 문제를 내 줘.
- 나의 답이 왜 틀렸어?
- 내가 자꾸 틀리는 이유가 뭘까?
- 내가 어느 부분을 이해하지 못하는 것일까?

 Vision 프롬프트

> [Logic Question: Conditional Reasoning]
>
> All philosophers are thinkers. No thinker is a quitter. Some quitters are athletes.
>
> 1. Which of the following must be true?
> a. Some athletes are not thinkers.
> b. All philosophers are athletes.
> c. No athlete is a philosopher.
> d. Some thinkers are athletes.
> e. All quitters are thinkers.
>
> 2. If someone is not a thinker, which of the following can be inferred?
> a. They are a quitter.
> b. They are an athlete.
> c. They are not a philosopher.
> d. They are both a philosopher and an athlete.
> e. They are neither a philosopher nor an athlete.

여기 LSAT 논리 문제 예시가 있어. 이것과 비슷하게 문제를 내 줄래?

Here is an example of an LSAT logic problem. Could you provide a similar problem for me?

구체화 프롬프트

- 나는 이 부분이 약해. 이것을 더 연습할 수 있게 문제를 만들어 줘.
- 왜 (   )는 답이 아니야?
- 문제가 이해가 안 돼. 차근차근 설명해 줄래?
- 나의 성적을 올리려면 어떤 연습을 더 하면 좋을까?
- 이것을 더 잘 이해하기 위해 나는 어떤 공부를 더 하면 좋을까?
- 이것을 잘하기 위해 나에게 필요한 배경 지식은 뭐야?

외국어 배우기

사용한 프롬프트: There are many doors with distinct patterns. Behind the doors are fantasy worlds. A girl is entering through one of the open doors. Vintage comic style. (문이 여러 개 있는데 모두 특이한 무늬를 가지고 있고, 그 뒤에는 판타지 나라가 있다. 소녀가 그 문 중 열린 문 하나로 들어가려고 하고 있다. 빈티지 코믹 스타일)

기본 프롬프트

나는 여행을 목적으로 프랑스어를 배우고 싶어. 나는 초급자야. 내가 이 언어를 배울 수 있게 도와줘.

I want to learn French for the purpose of traveling. I am a beginner. Help me learn this language.

🤖 구체화 프롬프트

- 나는 6개월 후에 프랑스로 여행을 가. 기본적인 여행 회화를 공부하고 싶어.
- 6개월 동안 매일 20분씩 공부할 수 있도록 계획을 짜 줘.
- 나는 프랑스어에 대한 독해 능력을 키우고 싶어. 매일 지문 하나씩 읽고 공부하고 싶어. 이번 주 공부할 지문 7개만 만들어 줘.
- 연습 문제도 만들어 줘.
- 나는 몇 년 동안 프랑스어를 공부했는데 다 까먹었어. 복습을 도와줘. 동사부터 할까? 단어 시험도 내 줘.
- 나는 프랑스어 쓰기를 공부하고 싶어. 매일 어떤 주제나 질문에 대해 1문단씩 쓰기를 연습할 수 있도록 한 달 치의 프롬프트를 만들어 줘.
- 내가 쓴 글에 대해서 틀린 곳을 지적하고 설명해 줘.
- 나는 프랑스어를 노래로 배우고 싶어. 프랑스어를 배우기 좋은 노래를 추천해 줘.
- 나의 회화 파트너가 되어 줘.
- 매일 단어 10개씩 외우고 싶어. 일주일 치의 단어 목록을 만들어 줘.

🤖 **Vision 프롬프트**

출처: Creative Commons(CC)

미국에 가면 드라이브 스루에서 주문을 하게 될 텐데, 그때를 대비해서 영어로 주문하는 연습을 하고 싶어. 나는 고객이 될 테니까 너는 드라이브 스루 직원이 되어 줄래?

If I go to the United States, I'll probably have to order at a drive-thru, so I want to practice ordering in English for that occasion. I'll be the customer, and could you be the drive-thru employee?

🤖 **구체화 프롬프트**

- 내가 틀린 곳을 지적해 줘.
- 자연스러운 표현을 가르쳐 줘.

- 나에게 질문도 해 줘.
- 교과서처럼 답하지 말고 실제처럼 답해 줘.
- 여러 가지 시나리오에 대비할 수 있도록 다양한 상황을 연출해 줘.

챗GPT 200% 활용하기

챗GPT와는 음성으로도 대화를 주고받을 수 있다. 이 기능은 회화 연습을 하기에 적합하다.

"나와 회화 연습을 해 줘."라는 프롬프트와 함께 챗GPT에게 역할과 맥락을 정해 주면 더 재미있게 연습할 수 있다.

- 역할: 친구, 선생님, 만화에 나오는 캐릭터, 대통령, 위인, 레스토랑 웨이터, 가게 주인, 의료진, 안내원 등
- 맥락: 친구와의 대화, 학교, 공원, 시장, 가게, 관광지, 박물관, 미술관, 길거리, 병원 등

논리적으로 생각하기

사용한 프롬프트: A person thinking logically about illogical, complex things, retro comic style. (한 사람이 비논리적이고 복잡한 것에 대하여 논리적으로 생각하고 있다, 레트로 코믹북 스타일)

기본 프롬프트

우리 같이 논리적으로 생각해 보자.
Let's think logically.
논리적으로 이 문제를 같이 풀어 나가자.
Let's solve this problem logically together.

구체화 프롬프트

- 여기 논리적 사고의 예시가 있어. (예시 삽입)
- 소크라테스처럼 행동해 줘. 소크라테스식 문답법을 이용해서 나의 생각에 계속 도전해 줘. 한 번에 질문 하나씩만 해야 해.
- 여기 주장이 하나 있어. 이 주장에 대해서 반론을 펼쳐 봐.
- 나는 이렇게 생각해. 나의 생각에 대해 반론해 봐.
- 이것은 왜 중요할까? 논리적으로 설명해 봐.
- 이 문제의 풀이 단계를 하나하나 논리적으로 설명해 줘.
- 너의 논리가 이 부분에서 틀렸는데 다시 해 봐.

Vision 프롬프트

이 문제를 논리적 단계로 나누어서 풀이해 줘.

Please break down this problem into logical steps to solve it.

🤖 구체화 프롬프트

- ( ) 단계가 틀렸어. 다시 계산해 봐.
- 이 단계에서는 어떤 논리를 사용한 거야?
- 우리 같이 논리적으로 한 단계씩 이야기해 보자.

> **챗GPT 200% 활용하기**
>
> '논리적으로 생각하기' 혹은 '한 단계 한 단계 함께 생각하기'는 내가 원하는 답이 나오지 않았거나, 챗GPT가 할루시네이션을 했을 때, 답변의 퀄리티를 높이기 위한 프롬프트 엔지니어링의 하나로 사용되는 전략이다. 수학, 화학, 물리 등의 문제 풀이에서 유용하다.

인터뷰 데이터에서 의미 있는 내용 추출하기

사용한 프롬프트: Interview filled with pictures, complex stories, histories, retro comic style. (사진, 복잡한 이야기, 역사로 가득 찬 인터뷰, 레트로 코믹 스타일)

🤖 기본 프롬프트

이건 인터뷰 자료야. 의미 있는 내용을 추출해 줘.

This is an interview transcript. Extract the meaningful content for me, please.

🤖 구체화 프롬프트

- 이 인터뷰에 참여한 사람은 이런 이런 사람이야.
- 이 인터뷰는 이러이러한 목적으로 실시한 거야.
- 나는 여기서 이런 이런 점을 알아보고 싶었어.
- 이 인터뷰에 참여한 사람은 어떤 우려를 갖고 있어? 이 사람은 이 문제에 대해 어떤 생각을 갖고 있어?
- 이 인터뷰를 통해서 어떤 내재되어 있는 문제를 발견할 수 있을까?
- 이 인터뷰에서 흥미로운 내용은 뭐라고 생각해?
- 이 사람이 이야기한 것과 관련된 이론이나 현상의 이름을 알아?
- 이 사람이 경험한 것은 심리학 이론으로 어떻게 설명할 수 있을까?
- 이 데이터를 우리의 마케팅 전략에 어떻게 활용할 수 있을까?
- 이 사람의 말에서 자주 언급되는 용어나 이슈가 있어?
- 이 사람은 (　) 정책에 동의할까 반대할까?
- 이 데이터를 시각화한다면 어떻게 할 수 있을까?

 **Vision 프롬프트**

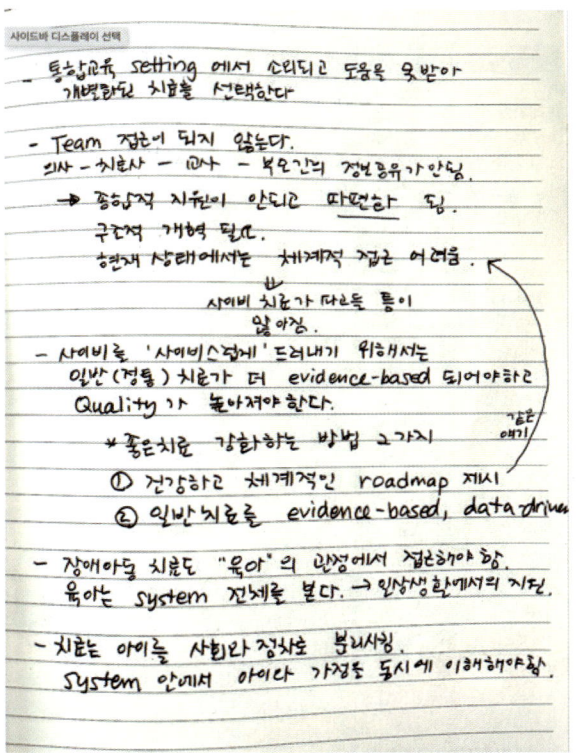

여기 인터뷰하면서 적은 자료가 있어. 여기서 드러나는 주제들을 찾아 줘.

I have some notes from an interview here. Help me identify the themes emerging from this.

글을 논리에 맞게 고치기

사용한 프롬프트: A machine that turns crumpled paper into pots of flowers, retro comic book style. (구겨버린 종이를 화분으로 바꿔 주는 기계, 레트로 코믹북 스타일)

🤖 기본 프롬프트

이건 내가 쓴 글이야. 논리에 맞게 고쳐 줄래?

This is something I wrote. Could you please correct it for logical coherence?

🤖 구체화 프롬프트

- 이 글의 목적은 정책을 홍보하기 위함이야.

- 이 글은 논문이야/블로그에 올릴 글이야/보고서야/논픽션 책이야.
- 나는 이 글에서 이런 주장을 하고 싶어. 설득력이 있을까? 더 나은 논리가 있을까?
- 이 글에서 하는 주장에 동의하지 않는 사람은 이 내용에 대해 뭐라고 비판할까?
- 비판적 독자를 고려해서 내 주장이 왜 맞는지 설명하는 내용을 포함해 줘.
- 여기 나온 내용 외에 새로운 사실을 더하지는 말아 줘.

 Vision 프롬프트

이건 내가 쓴 글이야. 이 글이 더 논리적이 되기 위해 고쳐야 할 부분이 있을까?

This is something I wrote. Are there any parts that need to be corrected to make this writing more logical?

 **구체화 프롬프트**

- 이 글을 읽고 독자가 이해하지 못할 부분이 있을까?
- 논리적인 점프가 있는 곳이 혹시 있어?
- 이 분야에 대해 전혀 모르는 사람이 읽는다면 이 글을 이해할 수 있을까?
- 용어에 대한 설명을 더 분명히 해야 할 곳이 있을까?
- 나의 주장에 대해 반대하는 사람이 있다면 뭐라고 할까? 나는 그것을 어떻게 방어하면 좋을까?

챗GPT 답변 예시

 대학생은 GPT를 사용해 과제를 할 수 있도록 허락되어야 한다는 내용의 페이퍼를 쓰려고 해. 어떻게 쓰면 좋을까?

 먼저 이 페이퍼를 작성하기 위해 고려해야 할 주요 포인트들은 다음과 같습니다:

1. **개요(Introduction)**: GPT와 그 기능에 대한 간단한 소개를 시작으로, 이 페이퍼의 목표를 명확히 하고, GPT가 대학생의 과제 수행에 어떤 도움이 될 수 있는지에 대한 개략적인 설명을 포함해보세요.
2. **GPT의 기능(Functionality of GPT)**: GPT가 어떻게 동작하는지에 대한 간략한 설명과 GPT가 제공하는 다양한 기능에 대해 서술합니다. 여기서는 GPT가 어떻게 학습하고, 어떻게 다양한 질문에 답하며, 어떻게 이를 통해 학습과 정보 검색을 보조할 수 있는지에 대해 설명해야 합니다.
3. **대학생의 학습과 과제 수행에 도움이 될 수 있는 점(How GPT can aid in university assignments)**: 이 섹션에서는 대학생들이 GPT를 활용하여 과제를 어떻게 할 수 있는지에 대한 구체적인 예시를 제시하고, GPT의 사용이 과제 수행에 어떤 이점을 가져다 줄 수 있는지를 설명해야 합니다.
4. **문제점과 그 해결책(Challenges and their solutions)**: GPT의 사용에 있어서 발생할 수 있는 문제점을 인식하고, 이를 어떻게 해결할 수 있는지에 대해 서술합니다. 이 부분에서는 GPT의 데이터에 대한 완전한 신뢰성 문제, 또는 부정확한 정보를 제공할 가능성에 대한 문제 등을 포함할 수 있습니다. 이에 대한 해결책으로는 사용자 교육, GPT 업데이트와 개선 등을 제안할 수 있습니다.
5. **결론(Conclusion)**: GPT를 대학생의 학습 도구로 사용할 수 있게 허락해야 하는 이유를 요약하고, 그렇게 하면 학습 효과와 품질이 어떻게 향상될 수 있는지를 강조합니다.

논리 짜기

사용한 프롬프트: People building a structure, there are scaffolds around it, part of it is logical, part of it is illogical, vintage comic style. (사람들이 빌딩의 구조를 짜고 있고 주변에는 스캐폴드가 있다. 일부분은 논리적이고 일부분은 비논리적이다, 빈티지 코믹 스타일)

기본 프롬프트

논리적 구조 짜는 것을 도와줘.

Help me build a logical structure.

구체화 프롬프트

- 나는 이러한 주장을 하려고 해. 이 글의 타깃 독자는 (　)야.

- 어떤 논리적 구조로 글을 쓰면 좋을까? 논리적 흐름이 자연스러우면 좋겠어.
- 세 단계의 논리적 구조로 만들어 줘. '① 이런 문제가 있어서, ② 이런 노력을 했는데, ③ 여전히 해결되지 않았다'는 구조면 좋겠어.
- 나는 지금 이런 보고서를 쓰려고 하거든? 그런데 이 보고서가 왜 필요한지 물으면 뭐라고 답해야 할지를 모르겠어. 보고서가 왜 필요하고 중요한지에 대한 논리를 세워 줘.
- 우리는 지금 이런 이런 법적인 분쟁을 예상하고 있어. 우리의 권리를 주장하기 위해 어떤 논리를 펼치면 좋을까?
- 나는 부당한 일을 당했어. 고발하고 싶은데 내 논리가 맞는지 확인해 줘.
- 이 문제를 해결하기 위한 논리적 구조는 어떻게 될까?

Vision 프롬프트

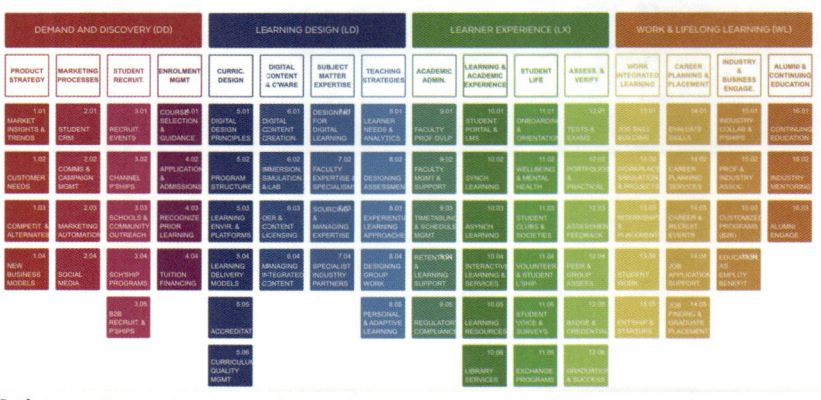

출처: https://www.digitalcapability.org/

이 구조를 참고해서 디지털 역량 강화 교육의 필요성에 대한 논리적 구조를 만들어 줘.

Using this framework, create a logical structure for the necessity of digital literacy education.

구체화 프롬프트

- 디지털 역량 강화가 왜 필요한지 직원들을 설득하려고 해. 어떻게 설득하면 좋을지 위의 프레임워크를 참고해서 제안해 줘.
- 관리자급의 디지털 역량 강화가 왜 필요한지 논리적 구조를 세워 줘.
- 디지털 역량 강화가 왜 필요한 걸까? 학생들을 설득하려면 심플하면서도 강력한 논리적 구조가 필요해. 어떻게 설득하면 좋을까?
- 유아들의 디지털 역량 강화가 필요할까? 필요하지 않다는 논리를 세워 줘.
- 여기 우리나라 정책이 있어(정책 보고서 첨부). 이 구조를 프레임워크로 해서 정책을 비판해 봐.

연구 방법 컨설팅

사용한 프롬프트: Marvel consultant consulting client about how to do experiments, retro comic book style. (마블 컨설턴트가 클라이언트에게 실험을 어떻게 하는지 컨설팅해 준다, 레트로 코믹북 스타일)

🤖 기본 프롬프트

나는 이런 내용의 연구를 하려고 해. 가장 좋은 연구 방법이 뭘까?
I'm looking to conduct research on this topic. What would be the best research methodology to use?

구체화 프롬프트

- 양적인 방법과 질적인 방법 중 어느 것이 더 좋을까?
- 양적인 방법으로 할 경우 연구 설계를 어떻게 하면 좋을까?
- 연구 대상은 이런 이런 사람들이야. 이 사람들을 어떻게 구할 수 있을까?
- 나는 (   )가 궁금해. 내가 궁금한 것에 대한 답을 찾으려면 어떻게 연구해야 할까?
- 필요한 표본의 수는 몇일까? 내 연구 문제는 (   )이고, 종속 변수는 (   ), 독립 변수는 (   ), 레벨은 (   )개야.
- 설문조사를 하는 것이 나을까, 포커스 그룹을 하는 것이 나을까?
- 연구 설계에 있어서 이런 고민들이 있어. 이런 문제를 피해 가려면 어떻게 해야 할까?
- 나는 이런 이런 방법으로 연구를 하려고 해. 내 연구에서 어떤 데이터를 더 수집하면 좋을까? 분석은 어떻게 하면 좋을까?
- 내 연구 대상은 유아/어린이/노인/외국인이야. 그래서 언어적 의사소통이 잘 안 될 수도 있어. 좋은 방법이 없을까?
- 포커스 그룹을 잘하는 노하우를 알려 줘.
- 이런 방법으로 연구했을 때 윤리적 문제는 없을까?
- 이 연구 방법이 가장 좋은 방법일까? 더 좋은 방법은 없을까?

🤖 Vision 프롬프트

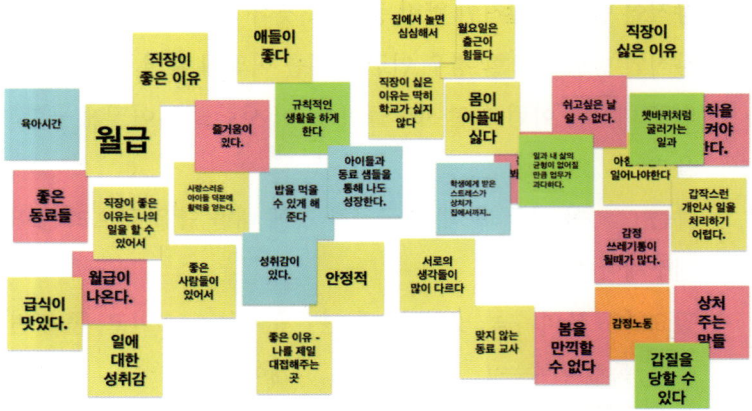

직장이 좋은 이유와 싫은 이유를 사람들이 적은 거야. 이 데이터를 어떻게 분석하면 좋을까?

People have written down the reasons why they like and dislike their jobs. How should I analyze this data?

🤖 구체화 프롬프트

- 나는 사람들의 자율성이 삶의 만족도에 미치는 영향에 대한 연구를 하려고 해. 이 연구 주제와 관련해서 이 데이터를 어떻게 분석하는 것이 좋을까?
- 추가적으로 어떤 데이터를 수집하면 좋을까?
- 인터뷰를 한다면 어떤 사람을 인터뷰하는 것이 좋을까?
- 이 내용을 바탕으로 인터뷰 질문을 만들어 줘.
- 여기서 추출할 수 있는 요소는 무엇이 있을까?
- 여기서 발견할 수 있는 패턴이 뭐야?
- 여기서 발견할 수 있는 흥미로운 점이 뭐야?

통계 분석 컨설팅

사용한 프롬프트: A statistical wizard solving everyone's problems, retro comic book style. (통계 위자드가 모든 이의 문제를 해결해 주고 있다. 레트로 코믹북 스타일)

기본 프롬프트

통계 분석에 대한 자문이 필요해. 나는 두 그룹의 사전, 사후 수치를 비교했어. 이럴 때는 어떤 분석 방법을 써야 해?

I need some advice on statistical analysis. I've compared pre-and post-measurements for two groups. What analysis method should I use in this case?

🤖 구체화 프롬프트

- 나는 ANOVA를 쓰고 싶은데 그래도 될까?
- 사전, 사후 사이의 차이 점수를 비교해야 할지, 원점수를 비교해야 할지 모르겠어.
- 두 개 집단만 있을 때는 꼭 T-test를 해야 해?
- 모수, 비모수는 언제 사용하는 거야? 이 분석에는 어떤 통계를 쓰는 것이 타당해?
- 양적인 데이터와 질적인 데이터를 모두 수집했어. 질적인 데이터는 어떻게 분석하는 것이 좋을까?
- 변동 측정치가 뭐야? 여기에서는 어떻게 분석해? 필요하다고 생각해?
- 회귀분석의 개념이 이해가 잘 안 돼. 5세 아이에게 설명하듯이 설명해 줘.
- 회귀분석을 하고 싶어. SPSS에서 한다면 어떤 순서로 해야 할까?
- 유의 수준 .5로 해야 할까? 단측 검정으로 해도 될까?

🤖 Vision 프롬프트

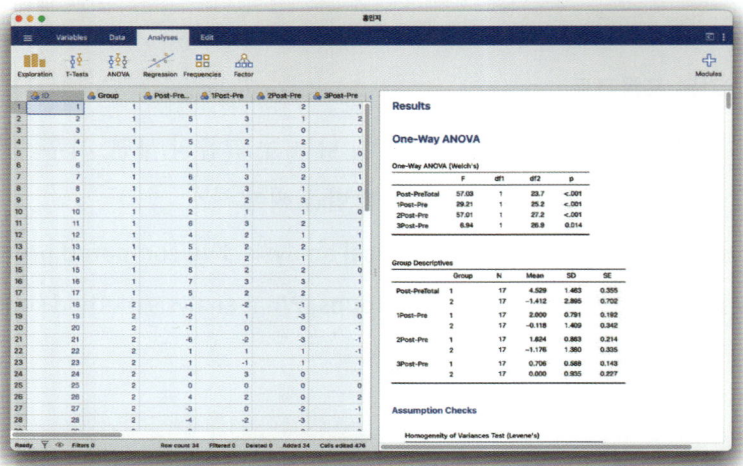

통계 분석을 하려고 해. 크론바흐의 알파를 구하고 싶은데 저 화면에서 무엇을 골라야 해?

I'm attempting statistical analysis, and I want to calculate Cronbach's alpha. What should I select on that screen?

구체화 프롬프트

- 이 데이터를 가지고 또 어떤 분석을 할 수 있을까?
- 이 데이터에서 흥미로운 점은 뭐야?
- 상관계수가 높게 나오면 어떤 시사점이 있어?
- 여기서 나온 결과를 글로 쓴다면 어떻게 써야 해?
- 크론바흐의 알파가 너무 낮게 나왔어. 왜 그랬을까? 어떻게 이 문제를 해결할까?

참고문헌 포맷하기

사용한 프롬프트: A machine that organizes references automatically, retro comic style. (자동으로 참고문헌을 정리해 주는 기계, 레트로 코믹 스타일)

기본 프롬프트

여기 참고문헌 목록이 있어. 이것을 APA/IEEE/AMA/MLA 양식으로 바꿔 줘.

I have a list of references here. Please format it in APA/IEEE/AMA/MLA style.

 **구체화 프롬프트**

- 여기 내 글의 본문이 있어(본문 첨부). 이것과 참고문헌 목록을 비교해서 빠진 것이 있으면 알려 줘.
- 내 글의 본문에서 (   ) 양식에 어긋나는 부분이 있으면 알려 줘.
- (   ) 양식에서 직접 인용은 어떻게 하는 거야?
- (   ) 양식에 맞게 번역서 인용을 하려고 해. 어떻게 해야 해? 여기 내 글이 있어. 이것을 양식에 맞게 고쳐 줘.
- 이 글을 (   ) 양식으로 썼는데 (   ) 양식으로 바꿔야 하게 되었어. 수정을 해 줘.

 Vision 프롬프트

AI Tutor (2023.2.20.). *Ice-Cream Home-Learn.* Retrieved from https://www.home-learn.co.kr/homelearn/system/Intro-Aitutor.html

Anderson, C. (2012). *Makers: The new industrial revolution.* NYC: Crown Publishing.

Arlin, M. (1984). Time variability in mastery learning. *American Educational Research Journal, 21(1),* 103-120.

Bada, S. O., & Olusegun, S. (2015). Constructivism learning theory: A paradigm for teaching and learning. *Journal of Research & Method in Education, 5(6),* 66-70.

Bae. T. W. (2021.2.14.). "Developer recruitment and startup acquisition... The AI Education was has begun." *Korea Economic Daily,* https://www.hankyung.com/society/article/2021021456611

Bellanca,J. (2015). *Deeper learning: Beyond 21st century skills.* (Kim, H. N. & Choi, S. K., Trans) Seoul: Tekville.

Block, J. H., & Burns, R. B. (1976). Mastery learning. *Review of research in education, 4,* 3-49.

Brookfield, S. D. (Ed.). (1988). *Learning democracy: Eduard Lindeman on adult education and social change,* London: Routledge.

Bubeck, S., Chandrasekaran, V., Eldan, R., Gehrke, J., Horvitz, E., Kamar, E., Lee, P., Lee, Y. T., Li, Y., Lundberg, S., Nori, H., Palangi, H., Ribeiro, M. T., & Zhang, Y. (2023). *Sparks of artificial general intelligence: Early experiments with GPT-4. ArXiv.* Retrieved from https://arxiv.org/abs/2303.12712

여기에서 가장 최신 버전의 APA 스타일대로 쓰지 않은 부분이 있으면 찾아 줄래?

Could you please identify any parts here that are not written in the latest version of the APA style?

 구체화 프롬프트

- 최근 바뀐 APA는 무엇이 달라졌어?
- 이 목록을 IEEE 스타일로 바꿔 줘. 순서는 아직 상관하지 마.
- 여기 내 글 본문이 있어. 이 글을 IEEE 스타일로 바꿔 줘.
- 이제 여기 내 본문과 참고문헌이 있어. 본문에 언급된 순서대로 번호를 매겨서 참고문헌 목록을 수정해 줘. IEEE 스타일대로.

챗GPT 답변 예시

 다음 참고문헌을 APA양식으로 정리해 줘.
Gus, L., Rose, J., & Gilbert, L. (2015). Emotion Coaching: A universal strategy for supporting and promoting sustainable emotional and behavioural well-being. Educational and Child Psychology, 32(1), 31–41.

Conner, C. M., White, S. W., Scahill, L., & Mazefsky, C. A. (2020). The role of emotion regulation and core autism symptoms in the experience of anxiety in autism. Autism : the international journal of research and practice, 24(4), 931–940.
https://doi.org/10.1177/1362361320904217

Amy L. Weiss and Pamela Rohland(2015), Implementing a Communication Coaching Program for Students with Autism Spectrum Disorders in Postsecondary Education, Top Lang Disorders Vol. 35, No. 4, pp. 345–361

 Here are the references you provided, formatted in APA style and listed alphabetically:

1. Conner, C. M., White, S. W., Scahill, L., & Mazefsky, C. A. (2020). The role of emotion regulation and core autism symptoms in the experience of anxiety in autism. *Autism: The International Journal of Research and Practice, 24*(4), 931–940.
https://doi.org/10.1177/1362361320904217
2. Gus, L., Rose, J., & Gilbert, L. (2015). Emotion Coaching: A universal strategy for supporting and promoting sustainable emotional and behavioural well-being. *Educational and Child Psychology, 32*(1), 31–41.
3. Weiss, A. L., & Rohland, P. (2015). Implementing a Communication Coaching Program for Students with Autism Spectrum Disorders in Postsecondary Education. *Topics in Language Disorders, 35*(4), 345–361.

질적 연구 코딩하기

사용한 프롬프트: A woman researcher in anthropology, working in the field, taking notes. There is a robot next to her, showing data on the tablet, retro comic book style. (여성 인류학 연구자가 필드에서 노트에 무엇을 쓰며 일하고 있다. 그 옆에는 로봇이 있고 태블릿의 데이터를 보여 주고 있다. 레트로 코믹북 스타일)

기본 프롬프트

나는 질적 연구를 하고 있어. 여기 내 데이터가 있어. 여기에서 드러나는 주제들을 찾아 줘.

I'm conducting qualitative research, and I have my data here. Help me identify the themes emerging from it.

🤖 구체화 프롬프트

- 이 연구는 사이비 종교에 대한 연구야. 이 데이터는 참여자의 인터뷰 데이터야.
- 참여자의 배경은 이러이러해.
- 나는 이 연구를 통해서 사람들이 왜 사이비 종교에 빠지는지 그 이유를 이해하고 싶어.
- 나는 사이비 종교에 빠지는 사람들의 심리가 궁금해서 이 연구를 하고 있어.
- 나는 사이비와 관련된 사회적 문제를 고발하기 위해서 이 연구를 하고 있어.
- 여기에서 이 데이터와 관련하여 드러나는 주제들을 찾아 줘.
- 이 데이터에서 흥미로운 점은 뭐야?
- 이 참여자가 갖고 있는 가치관이 엿보이는 단어나 표현들이 있어?
- 이 참여자는 무엇을 주장하고 싶은 것일까?
- 이 데이터에서 유추할 수 있는 사회적 문제점이 있어?

Vision 프롬프트

출처: Creative Commons(CC)

교육과정에 대한 질적 연구를 하고 있어. 비주얼 리서치 방법을 사용하려고 해. 이 사진에서 드러나는 주제들이 있어?

I'm conducting qualitative research on curriculum. I want to use visual research methods. Are there any themes emerging from this photograph?

 구체화 프롬프트

- 교육과정과 학생들의 신체적 포즈, 좌석, 교실 공간 디자인, 상호작용 대상과 방법 등에 대해서 분석하고 싶어. 혹시 여기에 더 추가할 것들이 있을까?
- 이 사진의 교실의 공간 디자인을 봐 줘. 어떤 특성이 있어?
- 이것이 시사하는 바가 무엇일까?
- 이런 방식의 수업에서는 어떤 이야기를 하고, 어떻게 상호작용해? 교육과정과 교사는 여기에서 어떤 역할을 해?

더 알아보기

샐리-앤 테스트(Sally-Anne Test) 라는 유명한 심리학 실험이 있다. 샐리-앤 테스트는 1985년에 사이먼 배런 코헨(Simon Baren-Cohen)과 그의 동료들이 한 마음이론(Theory of Mind) 실험이다. 마음이론이란 나의 마음과 다른 사람의 마음이 하나가 아니라 서로 독립적이라는 것을 이해하는 능력의 의미한다. 우리가 어렸을 때 형제자매와 싸울 때 흔히 했던 유치하기 이를 데 없는 말인 "니 마음만 있냐? 내 마음도 있다!!"가 실은 마음이론에 대한 말이며, 나의 마음과 남의 마음이 별개임을 인정하는 것을 훈련하게 해 주는 중요한 말이었던 것이다. 마음이론은 나와 다른 사람의 마음이 별개이므로 나의 관점과 다른 사람의 관점이 다르다는 것을 아는, 현대 사회에서 점점 더 그 중요성이 강조되고 있는 능력이다. 나의 관점과 남의 관점이 다르다는 것을 아는지를 어떻게 테스트할까? 배런 코헨은 이런 테스트를 고안해 냈다.

방에 샐리가 있다. 샐리는 자신의 구슬을 바구니에 넣고 방에서 나간다. 샐리가 나가자 앤은 구슬을 바구니에서 상자로 옮긴다. 샐리가 방으로 돌아온다. 샐리는 자신의 구슬을 찾기 위해 바구니를 열어 볼까, 상자를 열어 볼까? 독자 여러분은 답이 무엇이라고 생각하는가? 잠시 답을 생각해 보기 바란다.

그렇다. 답은 '바구니'이다. 전지적 작가 시점인 우리는 구슬이 박스 안에 있다는 것을 안다. 그러나 이것은 이 상황을 보고 있는 우리의 관점이지 샐리의 관점이 아니다. 우리는 구슬이 박스에 있다는 것을 알지만, 방에서 나갔던 샐리는 구슬이 박스에 있다는 것을 모른다. 내가 독자 여러분에게 "샐리는 어디를 열어 볼까?"라고 물었을 때 여러분이 "바구니"라고 답을 할 수 있었던 이유는, 여러분은 자신의 관점이 아닌 샐리의 관점에서 볼 수 있었기 때문이다. 이것이 마음이론이다. 배런 코헨의 연구에 의하면 85%의 일반 아동이 정답을 이야기하는 반면, 80%의 자폐성 장애 아동은 오답을 말하였다. 이 테스트는 자폐를 진단하는 데 사용하지는 않지만 자폐 아동들이 왜 사회적 상황에서 기능수행을 어려워하는지 어느 정도 설명을 해 주는 것으로 알려져 있다.

마이크로소프트(Microsoft) 연구소의 연구팀은 챗GPT가 마음이론 능력이 있는지 여부를 테스트하였다. 연구팀은 챗GPT가 학습한 데이터 안에 샐리-앤 테스트가 있을 것으로 여겨 문제를 변형하였다. "앨리스와 밥이 드롭박스를 공유하는데 앨리스가 특정 폴더에 넣어 둔 파일을 밥이 앨리스 몰래 다른 폴더에 옮겨 놓았다."라는 시나리오로 바꾼 것이다. 연구팀은 챗GPT에 이러한 시나리오를 주고 "앨리스는 자신의 파일을 열기 위해 어느 폴

더를 먼저 열어 보겠는가?"라고 프롬프트를 주었다. 놀랍게도 챗GPT는 정확하게 답을 할 뿐 아니라, 왜 그런지 설명까지 할 수 있었다(GPT-4).

챗GPT는 글에 명시되어 있지 않은 글 이면에 있는 정서, 관계, 갈등, 가치, 철학 등을 잘 찾아낸다. MS 연구팀이 챗GPT를 대상으로 마음이론 테스트를 한 것도 실은 (챗GPT가 마음이 있나 없나를 보기 위함이 아니라) 겉으로 명시되지 않은 이면의 것들을 읽어 내고 찾아내는지를 테스트한 것이라고 볼 수 있다. 그들은 마음이론을 복잡하게 꼰 응용문제를 네 개나 더 주었는데 GPT-4는 모두 정답뿐 아니라 자신의 답에 대한 이유까지도 자세하게 설명할 수 있었다.

이러한 기능은 챗GPT의 가장 강력한 기능 중 하나라고 할 수 있다. 이러한 기능을 이용해 우리는 철학적 토론, 심리 상담의 도움을 받을 수 있을 뿐만 아니라 사회성이 부족하거나, 의사소통이 어려운 사람들을 위한 서비스도 개발할 수 있을 것이다.

MS 연구팀의 마음이론 테스트가 궁금하다면 OpenAI사의 웹사이트에서 확인 가능하다 (https://cdn.openai.com/papers/gpt-4-system-card.pdf).

다양한 관점에서 피드백 받기

사용한 프롬프트: Multiple sets of perspectives, retro comic style. (여러 세트의 관점, 레트로 코믹 스타일)

🤖 기본 프롬프트

이건 내가 쓴 글이야. 다양한 사람들의 관점에서 피드백을 해 줘.

This is something I wrote. Please provide feedback from various perspectives.

🤖 구체화 프롬프트

- 이건 (   ) 이슈에 대한 나의 생각을 적은 글이야.

- 이 글을 나는 미디어에 기고할 계획이야/블로그에 올릴 계획이야.
- 나는 이 이슈에 대해서 이렇게 생각해서 이렇게 썼어. 그런데 나와 동의하지 않는 사람도 있겠지? 동의하지 않는 사람들의 관점에서 너의 주장을 펼쳐 봐.
- 다른 문화/분야/사회경제적 배경에서 봤을 때 이 이슈가 이해가 안 되거나 진짜 문제는 다른 곳에 있다고 볼 수도 있지 않을까?
- 이 이슈에 대한 보수적 관점과 진보적 관점에서 피드백을 해 줘.
- 이 이슈에 대해서 남자와 여자의 관점은 어떻게 다를까?
- 나는 이 이론을 채택했는데 이 이론에 반대하는 사람도 있을 것 아냐. 반대하는 사람들은 그러면 어떤 이론을 주장하지? 그 관점에서 이 이론은 왜 틀렸지?
- 이 글이 다양한 관점을 가진 사람들에게 받아들여질 수 있으려면 어떻게 고쳐야 할까?

 Vision 프롬프트

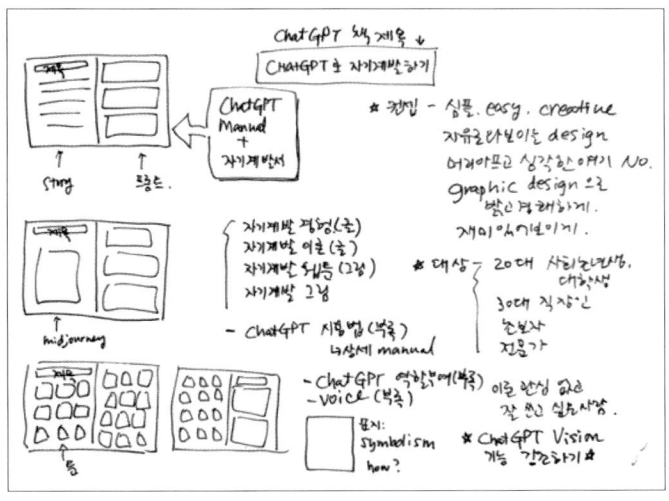

다양한 관점에서 피드백 받기

이건 내가 쓰고 싶은 책에 대한 아이디어를 끄적여 놓은 거야. 이 책의 필요성에 대해서 다양한 관점을 가진 사람들의 입장에서 피드백을 해 줄래?

These are some ideas I've jotted down for a book I want to write. Could you provide feedback on the need for this book from the perspectives of people with various viewpoints?

🤖 구체화 프롬프트

- 일반인의 관점에서 이 책을 사고 싶게 만들려면 어떤 내용을 추가하면 좋을까?
- 회사 다니는 사람의 관점에서 이 책을 사고 싶게 만들려면 어떤 내용을 추가하면 좋을까?
- 자기계발에 대해서는 어떤 내용을 추가하면 좋을까?
- 일반 대중의 관점에서 이 책이 매력적으로 느껴지게 하려면 어떤 단어나 표현들이 표지에 나오면 좋을까?
- 다양한 관점의 사람들에게 이 책이 어필하려면 표지에 어떤 상징성을 넣으면 좋을까?

영어 단어나 표현이 이해가 안 될 때

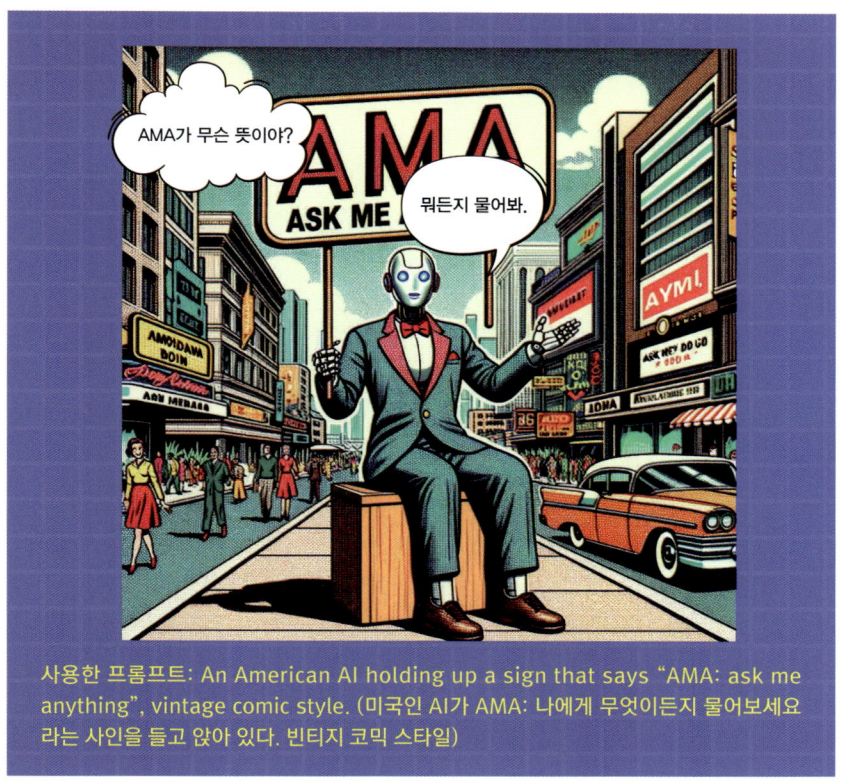

사용한 프롬프트: An American AI holding up a sign that says "AMA: ask me anything", vintage comic style. (미국인 AI가 AMA: 나에게 무엇이든지 물어보세요 라는 사인을 들고 앉아 있다. 빈티지 코믹 스타일)

기본 프롬프트

영어로 이 표현은 무슨 뜻이야?

What does this expression mean in English?

구체화 프롬프트

- 이 표현의 유래는 어떻게 돼?
- 이 표현은 주로 어떤 때에 쓰여?

- 이 표현을 사용한 예시를 몇 개만 들어 줘.
- 이 표현을 내가 한번 써 봤어. 이렇게 쓰는 것이 맞을까?
- 이 표현의 응용이나 변형은 어떻게 돼?

Vision 프롬프트

QI 2024 RATES

In-Person Congress

Rates	Workshop	Regular (3/31)	Late (4/1 after)
Patron (benefactor)	$225	$425	$425
Delegate	$200	$350	$400
Delegate (developing)	$150	$225	$250
Students	$125	$175	$200
Guests (partners)		$120	$120

출처: icqi.org

이건 내가 가고 싶은 콘퍼런스의 등록비 안내 정보야. 여기에서 말하는 Patron과 Delegate가 뭔지 모르겠어.

This is the registration fee information for the conference I want to attend. I'm not sure what they mean by "Patron" and "Delegate" here.

구체화 프롬프트

- 그러면 나는 Delegate라고 보면 되겠지?
- Patron은 어떤 사람이 하는 거야? 자발적으로 하는 거야? 미리 정

해져 있는 거야?
- Developing이 개발도상국이라면 이건 명시된 국제적 기준이 있는 거야?
- 이런 학회에서 일반적으로 워크숍은 클래스별로 등록비를 받아 아니면 저 돈을 내면 어떤 워크숍이든지 원하는 만큼 다 들을 수 있는거야? 워크숍은 며칠 동안 여러 가지가 있고, 별다른 안내는 없었어.
- 왜 conference를 congress라고 하는 걸까? 그리고 왜 여기서는 다른 콘퍼런스에서는 잘 사용하지 않는 단어들을 사용한 거야?

학습 전략을 가르쳐 줘

사용한 프롬프트: An image that symbolizes what goes on in the brain when we are learning. Retro comic book style. (학습할 때 뇌 속에서 일어나고 있는 일들을 상징할 수 있는 그림. 코믹북 스타일)

 기본 프롬프트

나는 ADHD가 있어서 공부할 때 집중하는 것이 너무 어려워. 학습 전략을 추천해 줘.

Due to my ADHD, I find it difficult to concentrate when studying. Can you recommend some study strategies?

 **구체화 프롬프트**

- 나는 공부할 때 집중이 잘 안 돼. 어떻게 하면 더 잘 집중할 수 있을까? 집중이 안 될 때 어떤 전략을 사용해서 나 자신을 집중하게 만들 수 있을까?
- 나는 책을 읽을 때에 내용이 머리에 잘 안 들어와. 읽은 것을 더 잘 이해하기 위해 내가 사용할 수 있는 학습 전략을 추천해 줘.
- 나는 단어가 잘 안 외워져. 어떻게 하면 더 쉽게 외울 수 있을까?
- 필기를 더 효율적으로 하는 방법은 없을까?
- 나는 ADHD 때문에 가만히 앉아 있는 게 너무 어렵고, 집중이 잘 안 돼. 내가 사용할 수 있는 학습 전략들에는 뭐가 있어?
- 나는 눈이 잘 안 보여. 그래서 책이나 화면의 글씨가 잘 안 보여. 그러다 보니 재미도 없고 집중도 잘 안 돼. 어떤 학습 전략을 사용할 수 있을까?
- 나는 책을 더 읽고 싶은데 그게 잘 안 되네. 좋은 방법이 있을까?

 Vision 프롬프트

이것은 우리 아들의 책상이야. 이 사람을 위한 학습 전략을 제안해 줘. 책상의 아이템뿐 아니라 책상이 지저분하다는 것도 고려해 줘.

This is our son's desk. Please suggest some study strategies for him, taking into consideration both the items on the desk and the fact that it's cluttered.

구체화 프롬프트

- 학습 환경을 스스로 정리하는 방법을 가르쳐 줘.
- 학습 환경의 질서와 학습 간에는 어떤 연관성이 있어?
- 이 아이의 특성을 고려한 학습 전략을 짜 줘.
- 자기 성찰적 학습은 어떻게 하는 거야?

어려운 개념을 어린이를 위해 재미있게 설명해 줘

사용한 프롬프트: A computer teaching a child about chemistry. The computer looks like a toy but it can explain complex theories. Comic book style. (컴퓨터가 아이에게 화학에 대하여 가르치고 있다. 컴퓨터는 장난감같이 생겼으나 어려운 이론을 설명할 수 있다. 코믹북 스타일)

기본 프롬프트

내가 5세 어린이라고 생각하고 화학반응 이론을 쉽고 재미있게 설명해 줘.

Imagine I'm a 5-year-old, and explain the theory of chemical reactions to me in a simple and fun way.

🤖 **구체화 프롬프트**

- 아이들이 이해할 수 있는 비유를 넣어 줘.
- 아이들이 잘 아는 캐릭터를 넣어 줘.
- 해리포터처럼 신비로운 스토리로 만들어 줘.
- 어드벤처 이야기로 만들어 줘.
- 아이들이 할 수 있는 액티비티도 같이 제안해 줘.
- 그림으로 그릴 수 있게 비주얼한 디테일들을 넣어 줘.

🤖 **Vision 프롬프트**

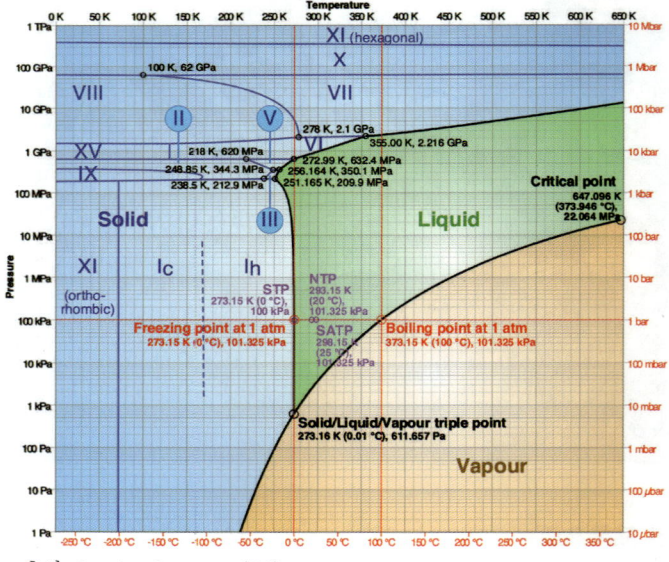

출처: Creative Commons(CC)

이것을 5세 어린이에게 쉽게 설명해 줘. 물방울의 이름을 '방울이'라고 하고 이 캐릭터의 어드벤처 스토리로 이야기해 줘.

Explain this to a 5-year-old in a simple way. Let's name the water droplet 'Droplet' and tell the story as an adventure of this character.

구체화 프롬프트

- 실제감을 위해서 방울이에게 성격을 부여해 줘.
- 방울이가 정의를 위해 싸우는 내용으로 해 주고, 악당 캐릭터도 등장시켜 줘.
- 인간도 엑스트라로 등장하게 해 줘.
- 방울이의 대사도 중간중간 넣어 줘.

실제 활용 사례

프롬프트: 양자 이론에 대해 5세 어린이에게 재미있게 설명해 줘.

옛날에 양자 땅이라는 곳에 아주 작은 아기먼지들이 살았어요. 이 아기먼지들은 최고의 현미경으로도 볼 수 없을 만큼 아주아주 작았어요. 이런 아기먼지들을 '큐비트'라고 부르자고요.

우리의 세상에서는 장난감이 있으면 그것은 장난감 상자 안에 있거나 밖에 있죠. 하지만 양자 땅에서는 큐비트에게는 마법 같은 능력이 있어요. 큐비트가 갖고 노는 장난감은 장난감 상자 안에 있을 수도 있고, 밖에 있을 수도 있고, 심지어 동시에 둘 다 있을 수도 있어요! 이 마법 같은 능력을 '슈퍼포지션'이라고 해요. 마치 회전하는 팽이가 한 방향이나 다른 방향으로만 회전하지 않고 한 번에 두 방향으로 회전하는 것처럼요!

하지만 여기서 더 놀라운 일이 벌어져요. 양자 땅에서 큐비트는 '엉키기'라는 게임을 좋아해요. 두 개의 큐비트가 서로 절친이 되면, 한 아이를 놀이터의 이쪽으로 데려가서 빙글빙글 돌리기 시작하면 그 아이의 절친은 저 멀리 떨어져 있어도 어떻게 알고 정반대 방향으로 빙글빙글 돌기 시작해요! 얼마나 멀리 떨어져 있든 상관없어요! 우주 끝에 있어도 말이죠. 마치 무한한 범위의 워키토키를 가진 것 같죠?

그런데 양자 땅의 큐비트들은 부끄러움이 많아요. 그래서 아무도 안 볼 때는 어디 가서 서 있을지 망설이다가 우리가 들여다보면 후다닥 그 앞에 가서 서 있기로 결정을 하죠.

마지막으로, 양자 땅에서는 모든 것이 조금 흔들리고 불확실해요. 그래서 큐비트가 산책을 하면 우리처럼 똑바로 걷지 않아요. 대신 갈 수 있는 모든 경로를 한꺼번에 걷다가 도착할 때가 되면 자신이 가장 좋아하는 경로를 결정해요!

이게 양자 이론의 가장 괴상한 아이디어인 슈퍼포지션, 얽힘, 관찰이 상태를 붕괴시키는 것, 그리고 경로 적분에서의 슈퍼포지션 원리에 대한 간단한 소개예요. 기억하세요, 이건 재미있는 비유일 뿐이고, 실제 과학은 훨씬 더 깊고 매력적이에요. 하지만 이걸로 어린이들에게 양자 땅의 신비한 세계를 잠깐 엿볼 수 있을 거예요!

어려운 개념을 비유로 설명해 줘

사용한 프롬프트: A person who is a master in frying eggs, comic book style.
(계란프라이의 전문가, 코믹북 스타일)

기본 프롬프트

나는 계란프라이 분야*의 전문가야. 퀀텀 이론을 나에게 설명해 줘.
(* 여기서는 자신의 진짜 전문 분야가 아닌, 일상생활에서의 간단한 활동을 넣는다. 쉬운 비유를 유도하기 위함이다.)

I am a professional in frying eggs. Explain Quantum Theory to me.

🤖 전문 분야 예시

- 요리, 계란프라이, 커피, 아이스크림
- 운전, 롤러스케이트, 수영, 달리기
- 집 짓기, 목공, 땅파기, 지붕 수리
- 책 읽기, 색종이 접기, 색칠하기, 뜨개질

(이런 식으로 일상생활의 작은 기술 하나를 넣는다.)

🤖 설명해 달라는 것 예시

- 양자 이론, 복잡성 이론, 질량 보존의 법칙, 에너지 보존 법칙, 빅뱅 이론, 뉴턴의 운동의 법칙 등
- 정보처리이론, 피아제의 인지발달이론, 조작적 조건화, 프로이트의 정신분석이론, 인지부조화 등
- 이해하기 어려운 논문, 책, 이론 등 무엇이나

Vision 프롬프트

> **Building Cooperative Embodied Agents Modularly with Large Language Models**
>
> Hongxin Zhang[1*], Weihua Du[2*], Jiaming Shan[3], Qinhong Zhou[1]
> Yilun Du[4], Joshua B. Tenenbaum[4], Tianmin Shu[4], Chuang Gan[1,5]
>
> [1]University of Massachusetts Amherst, [2] Tsinghua University,
> [3]Shanghai Jiao Tong University, [4]MIT, [5]MIT-IBM Watson AI Lab
>
> **Abstract**
>
> Large Language Models (LLMs) have demonstrated impressive planning abilities in single-agent embodied tasks across various domains. However, their capacity for planning and communication in multi-agent cooperation remains unclear, even though these are crucial skills for intelligent embodied agents. In this paper, we present a novel framework that utilizes LLMs for multi-agent cooperation and tests it in various embodied environments. Our framework enables embodied agents to plan, communicate, and cooperate with other embodied agents or humans to accomplish long-horizon tasks efficiently. We demonstrate that recent LLMs, such as GPT-4, can surpass strong planning-based methods and exhibit emergent effective communication using our framework without requiring fine-tuning or few-shot prompting. We also discover that LLM-based agents that communicate in natural language can earn more trust and cooperate more effectively with humans. Our research underscores the potential of LLMs for embodied AI and lays the foundation for future research in multi-agent cooperation. Videos can be found on the project website https://vis-www.cs.umass.edu/Co-LLM-Agents/.

출처: arxiv.org/abs/2307.02485

나는 지붕 수리 전문가야. 이걸 나에게 설명해 줘.

I fix roofs. Explain this to me.

 구체화 프롬프트

- 그래서 이것이 이전에 나 혼자 일하던 방식보다 낫다는 얘기야?
- 현실적으로 이것이 실현될 수 있을까?
- 이것이 실현될 수 있다면 지금 어떤 테마의 주식을 사 두면 좋을까?
- 이 이론을 반박하는 사람은 무엇이라고 얘기할까?

실제 활용 사례

QUANTUMKITCHEN
퀀텀 키친

BEST SELLER

1. 슈퍼포지션 국밥 `$11`

– 당신이 국을 끓일 때 미역국을 끓일지 콩나물국을 결정할 수 없다고 상상해 보라. 우리 일상 세계에서는 하나를 선택할 것이다. 그런데 양자 세계에서는 입자들, 예를 들면 전자는 한 번에 여러 상태(미역국이면서 동시에 콩나물국)로 있을 수 있다. 당신이 그것을 맛보기 전까지 당신의 국은 동시에 미역국이자 콩나물국이다. 재료는 미역이자 동시에 콩나물이다. 그러나 당신이 맛을 보는 순간 그 국은 한 가지만 '결정'하게 된다.

2. 얽힌 계란 국수 `$12`

– 당신의 국수 요리에서 서로 얽혀 있는 두 가닥의 국수를 생각해 보라. 이 국수는 서로 반대쪽으로 멀리 당기면 서로에게 영향을 주게 된다. 그런데 둘을 떼어 놓아도 마치 얽혀 있는 것처럼 행동한다. 마찬가지로 양자 세계에서는 입자들이 '얽혀' 있을 수 있다. 하나를 조절하면 다른 하나가 얼마나 멀리 떨어져 있든 즉시 반응을 한다. 당신이 뉴욕에서 국수 한 가닥으로 멸치 국수로 만들면 파리에 떨어져 있는 그쪽 국수 한 가닥도 즉시 멸치 국수가 된다!

3. 양자 터널링 잼 `$9`

– 매우 꽉 닫힌 뚜껑이 있는 잼 항아리를 상상해 보라. 우리 세계에서는 "뚜껑을 열지 않고 잼을 꺼낼 수 없다."라고 말할 것이다. 그런데 양자 세계에서는 잼이 스스로 항아리 밖으로 나갈 수도 있다는 작은 확률이 있다! 입자들은 그들의 파동적 특성 때문에 때로는 통과가 불가능해 보이는 장애물을 '터널링'할 수 있다.

4. 불확실한 초콜릿 조각 `$7`

– 퀀텀 키친에서는 초콜릿 조각의 크기를 정확하게 알수록 그것이 얼마나 빨리 녹는지에 대해서는 더 잘 모르게 될 수가 있다. 반대로 얼마나 빨리 녹는지 알수록 초콜릿의 크기는 더 애매해질 수 있다. 이것은 하이젠베르크의 불확실성 원칙과 조금 비슷한데, 위치와 속도와 같은 특정한 속성은 동시에 정확하게 알 수 없다는 것이다.

5. 관찰 효과 오믈렛 `$15`

– 당신이 오믈렛을 부치고 있다고 상상해 보라. 양자 영역에서는 무언가를 관찰하거나 측정하는 행동은 실제로 그것이 그렇게 되도록 만들 수 있다. 예를 들면, 오믈렛 바닥이 바삭바삭한지 확실하지 않을 때, 관찰을 하는 순간 바닥이 바삭해지는 것이다. 관찰을 하지 않을 때에는 바삭하지도, 안 바삭하지도 않은 '결정 못 함'의 상태였다가 말이다!

우리 퀀텀 치킨에 오시면 이런 희한한 메뉴를 맛보실 수 있습니다! 바삭한 오믈렛을 원하시면 오믈렛이 바삭해지고, 안 바삭한 것을 원하시면 안 바삭해지는 퀀텀 치킨에 오세요!

더 알아보기

챗GPT를 이용한 논문 쓰기

다음은 논문 쓰는 단계별 챗GPT 활용 방법과 연구자가 직접 해야 할 것을 정리한 표이다. 챗GPT에게 글쓰기를 모두 시키는 논문 쓰기는 윤리적이지 않으며 대부분 학술지에서 이를 금하고 있다. 그렇다면 어떻게 챗GPT를 논문 쓰기에 윤리적으로 잘 활용할 수 있을까? 그것은 챗GPT와 연구자가 협력을 하는 것이다. 다음의 표에서는 그러한 협력의 과정에서 연구자가 해야 할 일과 챗GPT가 해야 할 일, 그리고 각 단계별 결과물을 정리해 놓았다.

단계	나에게 질문	챗GPT 활용	직접 해야 할 것	결과물
논문 아이디어	이게 문제 같은데? 이게 궁금한데? 이건 왜 이럴까? 이게 사실일까?	챗GPT와의 대화(상담)를 통해 아이디어에 대해 생각 정리하기, 기존 문헌에서 대략적으로 무엇이라고 하는지? 이 연구가 왜 중요한지? 이게 연구할 만한 주제인지?	SNS, 뉴스, 문헌 제목과 초록 훑어보기 내 아이디어 visualize 하기	생각 정리, 아이디어에 대한 확신, 연구 시작
아이디어 구체화	연구 문제를 어떻게 정할까? 이 연구를 어떻게 하면 좋을까? 어떤 이론이 있을까?	관련 이론 알아보기, 관련 이론 연결하기, 연구 문제 구체화, 관련 문헌 추천받기, 이론 파고들기	관련 이론 공부, 관련 문헌 검색하여 모두 읽기, 이론 연결하기, 나의 이론 만들기	연구 문제, 이론적 뼈대, 이론
아웃라인 초안 짜기	논문 흐름을 어떻게 정하면 좋을까? 어떻게 설득력 있게 전달할 수 있을까?	나의 이론과 논리 점검 받기, 논리적 점프 찾기, 연구 문제에 적합한 스토리인지 확인하기, 이론 연결 확인 및 보완	아웃라인 초안 쓰기, 수정하기	아웃라인

서론 글쓰기	각 문단의 핵심 주장은 무엇인가? 논리적 흐름이 좋은가?	나의 이론으로 초안 써 달라고 하기, 문헌과 책, 기존 이론들로 보완하기, 틀린 곳 다시 쓰기	정독하며 꼼꼼히 고치기, 내가 맞는지 지속적으로 고민하기	서론
연구 방법 정하기	어떤 연구 설계를 쓸까? 어떤 데이터를 수집할까? 어떻게? 현실적인가? 분석 계획?	연구 설계 점검받기, 데이터 수집 계획 점검받기, 연구 문제와 수집하는 데이터가 맞는지 확인받기, 추가적 아이디어 묻기, 데이터 수집에 있어 우려되는 점 상담받기, 분석 계획 상담받기	연구 방법 쓰기, 모집 공고 쓰기, 데이터 수집 틀 만들기	연구 방법 초안, 데이터 수집 틀, 연구 방법 본문
데이터 수집	내가 지금 맞게 하고 있는가?	데이터 수집하다가 생기는 문제 상담받기	데이터 수집	데이터셋
분석	내가 계획한 분석이 맞는가? 더 나은 방법은 없는가? 추가적 분석이 가능할까?	데이터 피드하고 분석 초안 받아 보기, 나의 분석과 비교하기, 그래프 초안 만들어 보기, 추가적 분석 여부 상담받기, 해석하기	분석 결과 쓰기, 그래프와 표 그리기	결과, 그래프, 표
글쓰기	연구 결과가 연구 문제와 부합하는가? 논의에서 무엇을 다룰까? 잘못 해석된 것이나 놓치는 것은 없는가?	연구 결과와 연구 문제의 부합 여부 검토받기, 수정안 제시해 달라고 하기, 논리적 연결성 확인받기, 해석에 추가하고 싶은 내용 확인받기, 논의 내용 초안 써 달라고 하기	챗GPT가 써 준 내용을 참고로 하여 꼼꼼히 다시 쓰기, 문헌 추가하기, 논의 추가하기, 전반적 수정	논문

이력서 및 자소서 빛나게 하기

사용한 프롬프트: A detective is solving a mystery. He is holding a piece of paper. Vintage comic book style. (탐정이 미스터리를 푸는 중이다. 종이를 들고 있다. 빈티지 코믹북 스타일)

기본 프롬프트

이건 내 자소서야. 나는 이 회사의 코딩 직무에 지원하려고 해. 구인 공고는 이거야 (구인 공고 첨부).

This is my cover letter. I want to apply for the coding position at this company. Here is the job posting(attach job posting).

이 회사에서 나를 마음에 들어 하도록 내 자소서를 수정해 줄래? 거짓 내용을 더하면 안 돼.

Could you help me revise my cover letter to make it more appealing to this company? Please don't include any false information.

 구체화 프롬프트

- 거짓으로 내용을 꾸며서 써서는 안 돼.
- 숫자는 바꾸면 안 돼.
- 내용은 원본과 차이가 없도록 고치되, 돋보이도록 고쳐 줘.
- 나를 뽑고 싶게 고쳐 줘.
- 사회생활을 잘한다는 사실을 강조해 줘.
- 나의 열정이 좀 더 드러났으면 좋겠어.
- 불필요한 내용이나 부정적으로 해석될 것 같은 내용이 있을까? 알려 주면 고민해서 내가 뺄게.

Vision 프롬프트

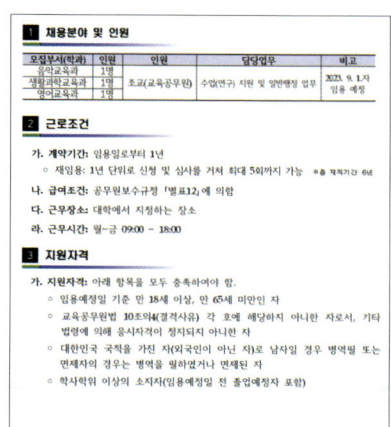
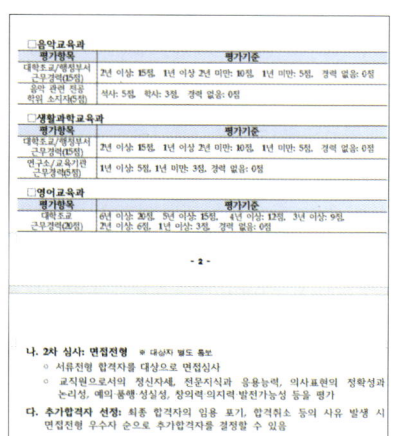

이것은 ○○대학의 조교직 채용 공고야. 여기 내 자기소개서가 있어. 채용 공고를 참고해서 내 자기소개서를 수정해 줘.

This is a job posting for a teaching assistant position at ○○ University. Here is my cover letter. Please revise my cover letter based on the job posting.

 구체화 프롬프트

- 이 직책에 내가 가장 적합해 보였으면 좋겠어.
- 이 업무는 나의 성격과도 잘 맞는 것 같아. 그런 면을 강조해 줘.
- 내 이력서도 올려 줄게. 내 이력서와 자소서를 기준으로, 내가 면접을 무난히 잘한다면, 몇 점을 받을 수 있을까?
- 인터뷰 준비도 시켜 줘. 어떤 질문이 나올까?

실제 활용 사례

저는 챗GPT를 취업 지원 서류를 작성하는 데에 아주 성공적으로 활용하고 있습니다. 제 이력서와 구인 공고를 챗GPT에 넣고 해당 직무에 맞게 제 이력서를 고쳐 달라고 해요. 그리고 챗GPT에게는 제 이력서를 STAR 프레임워크에 맞게 각각의 질문에 대한 답변을 생성하게 했습니다. 그리고 제 지원서를 돋보이게 만들고, 면접관을 감동시키도록 프롬프트 했어요.

놀랍게도 매우 높은 응답률로 인터뷰 제안을 받고 있습니다. 이전에는 꿈도 꿀 수 없는 직무였어요. 제가 골라서 면접을 가야 하는 처지가 되었습니다. 대부분 회사에서 인터뷰 요청을 하면서 제 지원서에 대한 피드백을 해 줘요. '탁월하다'는 평가도 있고 '감명받았다'는 평가도 있었어요. 그런 내용을 읽을 때마다 웃음이 나옵니다.

하지만 실제 면접은 자신이 없습니다.

– Reddit 유저 u/Ne********38

저는 지난 7월부터 실업자입니다. 3개월 정도를 쉬고 10월 정도부터 적극적으로 다시 새로운 일자리에 도전하고 있습니다. 저는 꽤 괜찮은 경력을 갖고 있고요, 이전에 다니던 직장도 대기업이었습니다. 그 직장에는 2017년에 문제 없이 취직을 했었고요. 그런데 제가 지원한 회사 49개 중 인터뷰 제안은 딱 한 군데에서만 받았습니다. 그래서 지난 금요일부터 챗GPT를 사용하여 자기소개서를 작성하기 시작했어요. 새로운 자소서로 더 많은 직장에 지원하려고 합니다.

지난 금요일부터 챗GPT로 작성한 자기소개서로 12개의 직장에 지원했어요. 그런데 나흘 만에 그중 세 군데에서 인터뷰 제안을 받았습니다. 며칠 안에 일어난 일입니다. 챗GPT에게 감사합니다.

– Reddit 유저 u/Ar********se

저는 기술 분야 중간 관리자급입니다. 며칠 동안 취업 원서를 냈지만 한 군데에서도 인터뷰 제안을 받지 못했어요. 그래서 제 이력서, 구인 공고, 회사 정보, 자격 요건 등을 챗GPT에게 주고 제 이력서를 고쳐 달라고 했어요. 자소서도 도움을 받았습니다. 하지만 챗GPT를 이용해 거짓을 써 넣지는 않았어요. 그저 조금 더 빛나 보이게 했다고 할까요. 그리고 챗GPT가 써 준 것을 그대로 내지도 않았어요. 그것을 초안으로 제가 또 많은 수정을 했지요. 5시간 정도가 걸렸어요. 인터뷰 제안을 몇 군데에서 받았습니다. 챗GPT는 글을 봐주는 선생님 같아요. 아니면 같이 공부하는 스터디 동료인 것 같기도 하고요.

– Reddit 유저 u/Ins******805

표 만들기

사용한 프롬프트: On one side, there is chaos in the universe. The chaos is expressed in chaotic data. On the other side, there is order in the universe. The order is expressed in graphs. Vintage comic style. (한쪽에는 우주의 혼돈이 있다. 혼돈은 혼란스러운 데이터로 표현한다. 다른 쪽에는 우주의 질서가 있다. 질서는 그래프로 표현한다. 빈티지 코믹북 스타일)

기본 프롬프트

여기 데이터가 있어. 이 데이터를 가지고 표를 만들어 줘.

Here is my data. Please create a table using this data.

구체화 프롬프트

- 오른쪽에 항목을 하나 더 만들어서 월별/연도별로 합계를 내 줘.
- 그 옆에 항목을 또 하나 추가해서 전월 대비 차이를 계산해 줘.
- 전월 대비 올랐으면 파란색 위로 가는 화살표를, 내렸으면 빨간색 아래로 가는 화살표를 넣어 줘.
- 전월 대비 올랐으면 웃는 이모티콘을, 내렸으면 우는 이모티콘을 넣어 줘.
- 이 표를 통해 알 수 있는 것이 무엇이야? 이 표가 시사하는 점이 뭐야?
- 이 표를 바탕으로 내년도 수치를 예상해 줘.

Vision 프롬프트

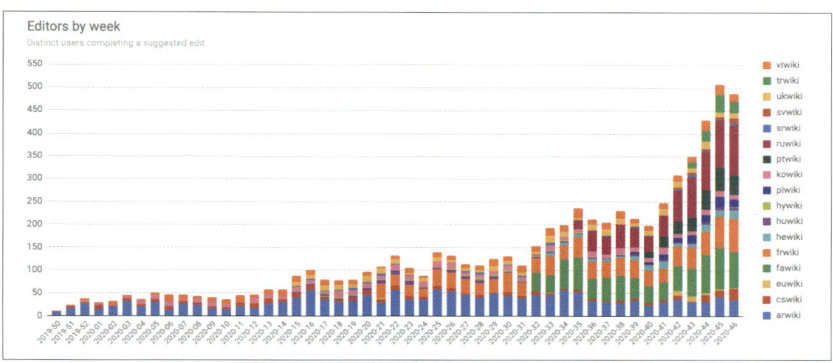

출처: Creative Commons(CC)

여기 그래프가 있어. 이 그래프로 표를 만들어 줘.

I have a graph here. Please create a table from this graph.

구체화 프롬프트

- 항목별 비교를 해 줘.
- 이 그래프에서 (   ) 기간의 데이터는 빼고 만들어 줘.
- 이 표에 새로운 데이터를 추가하려고 해. 여기 새로운 데이터가 있어. 이것을 추가한 결과를 다시 표로 나타내 줘.
- 이 표의 가로와 세로 항목을 서로 바꿔서 다시 만들어 줘.

챗GPT 답변 예시

 월별 합계 표는 크리스마스 트리 마케팅에 있어서 어떤 시사점이 있을까?

 월별 합계 표를 통해 다음과 같은 시사점들을 얻을 수 있습니다:

1. **시즌성**: 크리스마스 트리에 대한 검색량이 연말에 크게 증가하는 것으로 보아, 크리스마스 트리는 확실히 시즌성 상품임을 알 수 있습니다. 이는 마케팅 및 광고 전략에 반영되어야 합니다. 예를 들어, 크리스마스 트리 판매를 위한 광고 캠페인은 10월 또는 11월에 시작되어 12월에 피크를 이루도록 계획될 수 있습니다.
2. **경쟁자 대비 준비**: 크리스마스 시즌에 앞서 대량 구매 및 재고 보충을 통해 충분한 제품을 준비하도록 할 수 있습니다. 이는 특히 10월과 11월에 검색량이 증가하기 시작할 때 중요합니다.
3. **오프 시즌 마케팅**: 크리스마스 시즌이 끝난 후에도 일정량의 검색량이 유지되는 것을 볼 수 있습니다. 이는 특별한 할인이나 프로모션을 통해 오프 시즌에도 일정한 매출을 기대할 수 있음을 나타냅니다.
4. **연도별 트렌드**: 연간 검색량이 일정하게 증가하거나 감소하는 경우, 이는 소비자들의 관심도나 수요가 변하고 있음을 나타낼 수 있습니다. 이러한 트렌드를 감지하고 반영하는 것은 마케팅 전략에 중요할 수 있습니다.

이러한 정보들은 크리스마스 트리 판매와 관련된 다양한 의사 결정에 도움이 될 수 있습니다. 하지만, 이러한 검색량 데이터만으로는 충분하지 않을 수 있으며, 다른 시장 데이터와 결합하여 사용하는 것이 중요합니다.

표에서 트렌드 찾기

사용한 프롬프트: Data trends in waves, comic style. (파도 속 데이터 트렌드, 코믹 스타일)

🤖 기본 프롬프트

여기 데이터가 있어. 이 데이터를 표로 만들고 트렌드를 찾아 줘.

I have some data here. Please create a table from this data and help me identify any trends.

🤖 구체화 프롬프트

- 이 데이터는 (　　)에 대한 데이터야.
- 이 데이터를 바탕으로 월별 트렌드를 찾아 줘.
- 시간이 지남에 따라 어떻게 달라졌어?
- 이 데이터셋에서 흥미로운 점이 뭐야?
- 작년의 트렌드와 올해의 트렌드를 비교해 줘.
- 계절별 트렌드를 비교해 줘.
- 변수 간의 상관 관계가 있어?
- 이러한 트렌드를 바탕으로 어떻게 마케팅을 하면 좋을까?

🤖 Vision 프롬프트

특성별(1)	특성별(2)	항목	2020 전체	1~2회	3~4회	5회 이상
전체	소계	대상자수 (명)	55,832	41,089	11,500	3,242
		비율 (%)	100.0	73.6	20.6	5.8
성별	남자	대상자수 (명)	38,026	27,797	7,905	2,324
		비율 (%)	100.0	73.1	20.8	6.1
	여자	대상자수 (명)	17,805	13,292	3,596	917
		비율 (%)	100.0	74.7	20.2	5.2
학교과정별	유	대상자수 (명)	5,267	3,352	1,202	713
		비율 (%)	100.0	63.6	22.8	13.5
	초	대상자수 (명)	29,836	21,411	6,539	1,886
		비율 (%)	100.0	71.8	21.9	6.3
	중	대상자수 (명)	10,871	8,468	2,082	321
		비율 (%)	100.0	77.9	19.2	3.0
	고	대상자수 (명)	9,857	7,858	1,677	322
		비율 (%)	100.0	79.7	17.0	3.3
배치유형별	특수학교	대상자수 (명)	13,959	9,649	3,382	927
		비율 (%)	100.0	69.1	24.2	6.6
	일반학교 특수학	대상자수 (명)	34,779	25,548	7,127	2,104
		비율 (%)	100.0	73.5	20.5	6.1
	일반학교 일반학	대상자수 (명)	7,093	5,892	991	210
		비율 (%)	100.0	83.1	14.0	3.0

장애유형별						
	시각장애	대상자수 (명)	552	434	100	19
		비율 (%)	100.0	78.6	18.1	3.4
	청각장애	대상자수 (명)	1,705	1,364	285	56
		비율 (%)	100.0	80.0	16.7	3.3
	지적장애	대상자수 (명)	28,520	21,682	5,847	992
		비율 (%)	100.0	76.0	20.5	3.5
	지체장애	대상자수 (명)	5,760	3,909	1,247	604
		비율 (%)	100.0	67.9	21.7	10.5
	정서·행동장애	대상자수 (명)	982	837	126	19
		비율 (%)	100.0	85.3	12.8	1.9
	자폐성장애	대상자수 (명)	9,471	6,573	2,244	654
		비율 (%)	100.0	69.4	23.7	6.9
	의사소통장애	대상자수 (명)	1,762	1,334	306	122
		비율 (%)	100.0	75.7	17.3	6.9
	학습장애	대상자수 (명)	393	352	29	11
		비율 (%)	100.0	89.6	7.5	2.9
	건강장애	대상자수 (명)	240	204	17	19
		비율 (%)	100.0	84.8	7.2	8.0
	발달지체	대상자수 (명)	6,446	4,400	1,299	747
		비율 (%)	100.0	68.3	20.2	11.6

이 표는 치료 비용에 대한 표야. 여기에서 트렌드를 찾아 줘.

This table is about treatment costs. Please help me identify the trends from here.

 구체화 프롬프트

- 성별/나이/과정/배치/유형별로 차이가 있어?
- 장애 유형에 따라 지출하는 비용이 달라?
- 장애 유형별로 치료비 지출에 있어서 어떠한 다른 트렌드가 있어?
- 이것을 의료 정책에 어떻게 반영하면 좋을까?

영어로 쓴 글 교정 받기

사용한 프롬프트: A proofreader, bizarre, in a 19th century room. Vintage comic book style. (프루프리더, 이상하게 생겼다, 19세기 방에 있다. 빈티지 코믹북 스타일)

기본 프롬프트

이 글을 프루프리딩해 줘.

Proofread the following.

구체화 프롬프트

- 이 글의 목적은 (　)야.
- 이 글은 (　)에 실릴 거야/올릴 거야/출판될 거야. 플랫폼의 특성

을 고려해서 고쳐 줘.
- 내 영어는 너무 구어체 같아. 이 글을 좀 더 학술적/전문적으로 고쳐 줘.
- 이 글의 논리도 살펴봐 줘. 논리적으로 연결이 안 되는 부분이 있으면 수정해 줘.
- 이 글의 독자는 어린이/청소년/일반 대중/전문가야. 독자에 맞게 고쳐 줘.
- 이 글을 읽는 사람이 오해할 만한 부분이 있으면 명확하게 고쳐 줘.
- 미국식 영어/영국식 영어로 수정해 줘.

 Vision 프롬프트

This book is about how we could use ChatGPT to make ourselves better human beings.
I strive daily to become a better version of myself both physically and mentally. Everyday I want to be a better person than I was yesterday. The only way I could do that was through studying. I read a lot of books on self development including physical fitness and even cleaning! This is the era of AI. There are people like Ray Kurzweil and Elon Musk, who believe in transhumanism.
I don't necessarily believe in Transhumanism but I do believe that we could use technology to become better people.

이 글을 프루프리딩해 줘.

Proofread my writing.

구체화 프롬프트

- 내 영어는 너무 구어체 같아. 이 글을 좀 더 학술적/전문적으로 고쳐 줘.
- 이 글의 논리도 살펴봐 줘. 논리적으로 연결이 안 되는 부분이 있으면 수정해 줘.
- 이 글의 독자는 어린이/청소년/일반 대중/전문가야. 독자에 맞게 고쳐 줘.
- 이 글을 읽는 사람이 오해할 만한 부분이 있으면 명확하게 고쳐 줘.

 실제 활용 사례

프롬프트: 여기 뭐라고 쓰여 있어?

"이것은 중세시대 스페인어 같습니다. 제가 아는 단어 몇 개는 읽을 수 있습니다."	"각도 때문에 완전하게 읽어 낼 수는 없지만 단어들 몇 개는 읽을 수 있습니다. 이 사람은 어떤 목록을 만든 것 같습니다. 쇼핑 목록이나 재고 목록 같습니다."	"이 메모들은 사랑, 하나됨, 희망, 긍정에 대하여 이야기합니다. 어떤 메모는 정치적 사건이나 사람에 대한 지지를 표명하고 있습니다. 전체적으로는 힘든 시기에 함께 이겨 내자는 메시지를 담고 있습니다."

챗GPT 답변 예시

proofread: Hi Professor Walters,

This is Jungmin Kwon from last week's CTL lecture on interactive learning. I said I'd find your contact and email you so here I am!

It was a pleasure to meet you and other professors at the university. I love groups that have lots of questions and issues to talk about.

Let's keep in touch!

Your email is clear and friendly, but there are a few minor adjustments that could enhance its professionalism. Here's a revised version:

Subject: Follow-Up from CTL Lecture on Interactive Learning

Dear Professor Walters,

I hope this message finds you well.

I am Jungmin Kwon, and we met during last week's CTL lecture on interactive learning. As promised, I am reaching out to continue our conversation.

It was a pleasure to meet you and the other professors at the university. I thoroughly enjoy discussions with groups that are eager to engage with numerous questions and topics.

I look forward to staying in touch and possibly collaborating in the future.

Warm regards,

Jungmin Kwon

This version includes a subject line, which is essential for email communication. It also formalizes the tone slightly while maintaining the friendly nature of your original message.

번역하기

사용한 프롬프트: A translator, bizarre, retro comic book style. (이상한 번역가, 레트로 코믹북 스타일)

기본 프롬프트

번역해 줘:

Translate the following:

번역:

Translate:

한국어로 번역해 줘:

Translate into Korean:

구체화 프롬프트

- 이 글은 (　)에 실을 글이야. (　)의 언어로 번역해 줘. 이 글이 실릴 플랫폼에 어울리게 번역해 줘.
- 좀 부자연스러운데 조금 더 자연스럽게 고쳐 줄래?
- (　) 단어는 (　)로 번역해 줘.
- 이런 표현은 좀 부자연스러워. 이렇게 쓰면 좋겠어. 다시 번역해서 써 줄래?
- 번역할 때 학술적으로 써 줘.
- 번역할 때 대중적으로 써 줘.
- 번역한 내용이 이해가 잘 안 돼. 쉽게 설명해 줘.
- 이 글을 더 잘 이해할 수 있게 이 글과 관련된 배경 지식을 설명해 줘.
- 조금 더 구어체/문어체로 바꿔 줘.
- 문화적으로 어색한 표현이 있네. 우리나라 실정에 맞게 바꿔 줘.

Vision 프롬프트

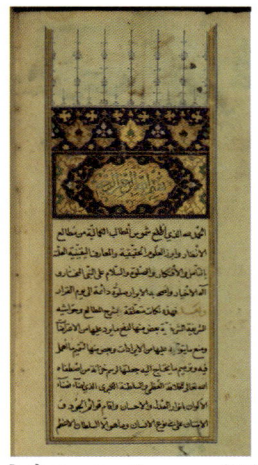

출처: Creative Commons(CC)

여기 뭐라고 쓰여 있는 거야? 이 글은 어떤 책의 일부분일까?

What is written here? Is this a part of a book?

🤖 구체화 프롬프트

- 이 내용을 현대 영어로 번역해 줘.
- 이 내용을 내가 이해할 수 있게 현대의 비유를 들어 설명해 줘.
- 여기서 (   ) 단어는 무슨 의미로 쓰인 거야?
- 이 글의 제목은 뭐야? 이 글은 왜 쓰여진 거야?
- 이 글을 한국어로 번역할 때 번역이 잘 안 되는 단어는 어느 거야? 왜 번역이 잘 안 돼?
- 이 글을 더 잘 이해할 수 있게 이 글이 쓰인 배경이나 시대적, 문화적 배경에 대해 설명해 줘.

보고서/논문 수정하기

사용한 프롬프트: A wizard writing letters, papers flying all around. Vintage comic book style. (위자드가 편지를 쓰고 있다. 종이가 사방에 날아다닌다. 빈티지 코믹 북 스타일)

기본 프롬프트

여기 내가 써 놓은 보고서 초안이 있어. 분량을 10% 늘려 줘/줄여 줘.
I have a draft report here that I've written. Please increase/decrease the length by 10%.

구체화 프롬프트

- 이 보고서의 목적은 (   )이야. 목적에 맞지 않는 부분이 있으면 지

적해 줘.
- 논리적으로 수정해야 할 부분이 있으면 수정해 줘.
- 보고서에서 배경과 목적 부분을 좀 더 풍성하게 만들어 줘.
- 이 보고서의 내용을 보고 시사점을 몇 가지만 도출해 줘.
- 이 보고서의 그래프가 전체 논리를 강화하고 있는지 확인해 줘.
- 이 보고서를 300자 이내로 요약해 줘.
- 보고서의 표현을 좀 더 프로페셔널하게 바꿔 줘.
- 여기에 더 추가해야 할 내용이 있을까?
- 이 부분은 개조식으로 바꿔 줘.

Vision 프롬프트

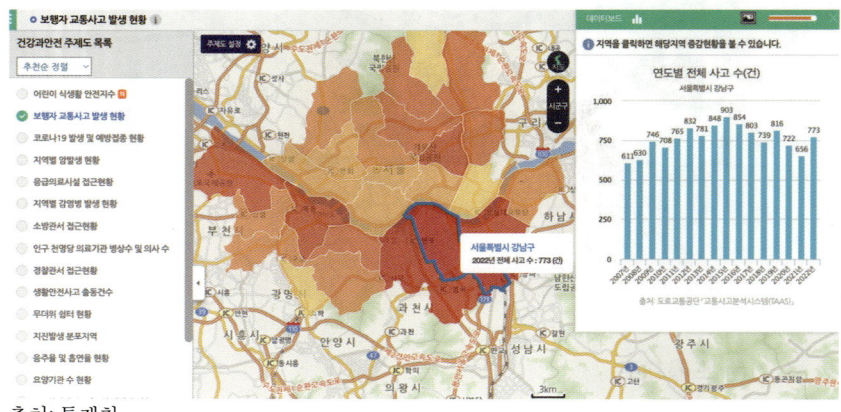

출처: 통계청

이 데이터를 보고서에 넣고 싶어. 보고서에 넣을 텍스트 부분을 써 줄래?
I want to include this data in the report. Could you write the text portion that will go into the report?

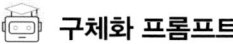 **구체화 프롬프트**

- 이 그래프로 보고서의 설득력을 강화하고 싶어. 그러려면 어느 부분에 어떤 논리로 넣으면 좋을까?
- 내가 이 그래프를 제대로 해석했는지 확인해 줘. (해석한 글 첨부)
- 이것과 더불어 어떤 데이터를 더 추가하면 좋을까?
- 이 그래프가 시사하는 바를 이 보고서의 내용에 비추어 써 줘.

전문가스러운 영어 이메일 작성하기

사용한 프롬프트: A marvel heroine throwing long sheets of paper, paper flying everywhere, retro comic style. (마블 여성 히로인이 이메일을 던지고 있다. 종이가 사방에 날아다닌다. 레트로 코믹 스타일)

기본 프롬프트

내가 쓴 이메일이야. 이것을 영어로 번역하되, 프로페셔널 해 보이게 써 줘.

This is an email I've written. Please translate it into English while making it sound professional.

 **구체화 프롬프트**

- 이 이메일을 쓰는 배경은 이러이러해.
- 반드시 들어가야 하는 내용은 다음과 같아.
- 상대방이 기분 나쁘지 않게, 하지만 전문가적 권위가 있게 써 줘.
- 받는 사람은 (   )이고, 그 사람은 이러이러한 사람이야.
- 우리의 제품을 홍보하되, 너무 티 나지는 않게 써 줘.
- 거절하는 이메일이니까 부드럽게 써 줘.
- 받는 사람이 오해할 소지가 없게 명확하게 써 줘.
- 예의를 갖춰서 써 줘.
- 내가 이 사람에게 원하는 것은 이것이야. 하지만 너무 강하게 주장하지는 않았으면 좋겠어.
- 객관적이고 점잖게, 논리적으로 써 줘.

 Vision 프롬프트

Hello Professor,

The university international office called me today and said they cannot support this program.
Therefore, I will only be able to give you a brief tour of the university which will last about 20-30 minutes maximum.
I hope that still works for you.

Sincerely,
Jungmin

나 이렇게 이메일을 보내려고 하는데, 상대방이 기분 나쁘지 않게, 하지만 좀 더 프로페셔널하게 수정해 줘.
I'm planning to send this email, and I want it to be polite and professional.

구체화 프롬프트

- 이 이메일을 읽고 오해할 수 있을까? 오해가 생기지 않게 수정해 줘.
- "이번에는 거절하지만 다음번에는 협력하길 바란다."는 내용을 추가해 줘.
- 이메일을 끝낼 때 Sincerely 말고 다른 표현을 추천해 줘.
- 사실 이 사람이 자꾸 무리한 부탁을 하거든? 더 이상의 부탁은 안 했으면 좋겠다는 표현을 정중하고 프로페셔널하게 어떻게 할 수 있을까?

문서 요약하기

사용한 프롬프트: I am handing a project to you to make the project smaller and simpler, vintage comic book style. (나는 너에게 프로젝트를 건네주고 있다. 프로젝트를 더 작고 간단하게 해 달라고 부탁한다. 빈티지 코믹 스타일)

기본 프롬프트

이 글을 100자 이내로 요약해 줘.

Summarize this text in fewer than 100 characters.

구체화 프롬프트

- 이 글은 심리 실험에 대한 논문이야. 이 글을 실험과 결과 위주로 요약해 줘.

- 이 글은 소설이야. 줄거리 위주로 요약해 줘.
- 이 글은 희곡이야. 등장인물의 심리적 변화 위주로 요약해 줘.
- 이 요약은 내 책에 대한 소개로 활용할 예정이야. 사람들이 책을 사고 싶게 요약해 줘.
- 이 요약은 블로그에 올릴 계획이야. 대중이 이해하기 쉽게 요약해 줘.
- 이 요약은 제안서의 앞부분에 넣을 거야. 설득력 있게 요약해 줘.

 Vision 프롬프트

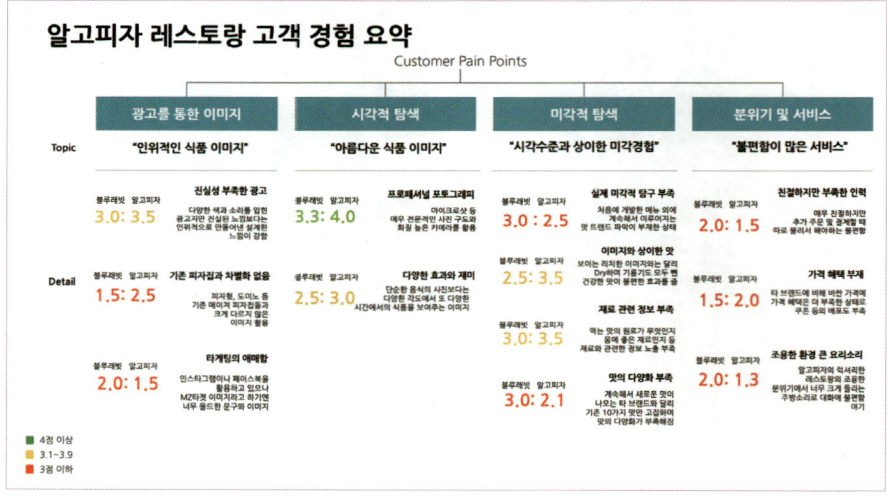

이 슬라이드를 요약해 줄래?

Summarize this slide.

구체화 프롬프트

- 이 내용을 한 문단으로 요약해 줘.
- 이 슬라이드를 발표할 때 어떤 부분을 강조하면 좋을까?

- 이 내용을 바탕으로 마케팅 전략을 짜 줘.
- 이 슬라이드를 고객의 관점에서 분석해 줘.
- 요약이 너무 길다. 주요 개념 위주로 다시 요약해 줘.
- 여기에서 흥미로운 점은 뭐야? 그것도 요약에 포함시켜 줘.

녹음 자료로 회의록 쓰기

사용한 프롬프트: A sophisticated, professional woman, head of control center, marvel comic book style. (세련된 전문가 여성, 컨트롤 센터의 센터장이다. 마블 코믹 북 스타일로)

기본 프롬프트

이건 우리가 회의한 대화 내용이야. 이것을 요약해서 회의록을 만들어 줘.

This is the conversation from our meeting. Please summarize it and create meeting minutes.

구체화 프롬프트

- 주요 안건과 결정 사항을 위주로 요약해 줘.
- 여기 회의 자료가 있어. 이 어젠다를 참고해서 회의록을 써 줘.
- 주요 논의 사항을 써 주고, 이러한 논의가 시사하는 바를 써 줘.
- 회의 참석자들 간의 의견의 불일치가 있었는데 양쪽 의견을 표로 요약해 줘.
- 대화에 명시되지 않은 잠재적 문제들을 찾아 줘.
- 참석자들의 주장과 그들의 입장을 설명해 줘.
- 회의의 목적, 일시, 장소, 참석자, 회의 안건, 결정 사항, 다음번 회의 논의 사항을 정리해 줘.
- 개조식(bullet point)으로 써 줘.

Vision 프롬프트

출처: https://news.mt.co.kr/mtview.php?no=2019111515580146923

이 그래프를 참고해서 오늘 회의에서 논의한 것에 대한 향후 방향을 분석해 줘.

Please analyze the future direction of what was discussed in today's meeting, referencing this graph.

구체화 프롬프트

- 회의에서 논의한 것 중 이 그래프와 직접적으로 연관되는 것들만 추려서 요약해 줘.
- 회의 내용을 바탕으로 각 참여자가 가장 중요시하는 것들이 무엇인지 분석해 줘.
- 전기차 시장에 대하여 긍정적으로 바라보는 관점과 부정적으로 바라보는 관점을 가진 사람들의 주장을 각각 종합해서 요약해 줘.
- 오늘 회의 내용 중 우리가 이 그래프를 잘못 해석한 부분이 있어?

더 알아보기

데이터 보안과 프라이버시 문제

- OpenAI사는 당신이 챗GPT와 하는 대화 로그를 수집하고 있음을 그들의 약관에 명시하고 있다. 챗GPT에 입력하는 데이터는 추후 OpenAI사의 새로운 제품 개발을 위한 훈련에 사용될 수 있음을 기억하자.
- 해킹이나 오류 등으로 나와 챗GPT가 했던 대화가 유출되는 사례도 있다.
- 따라서 인터뷰나 회의 자료 등에서 개인정보를 모두 지운 후 넣을 것을 권고한다.
- 회사 기밀이나 민감한 정보 등은 넣지 않도록 한다.
- 챗GPT의 설정으로 가서 데이터 수집 기능을 끌 수 있다.
(Settings 〉 Data controls 〉 Chat history & training 의 스위치를 토글하여 끈다)

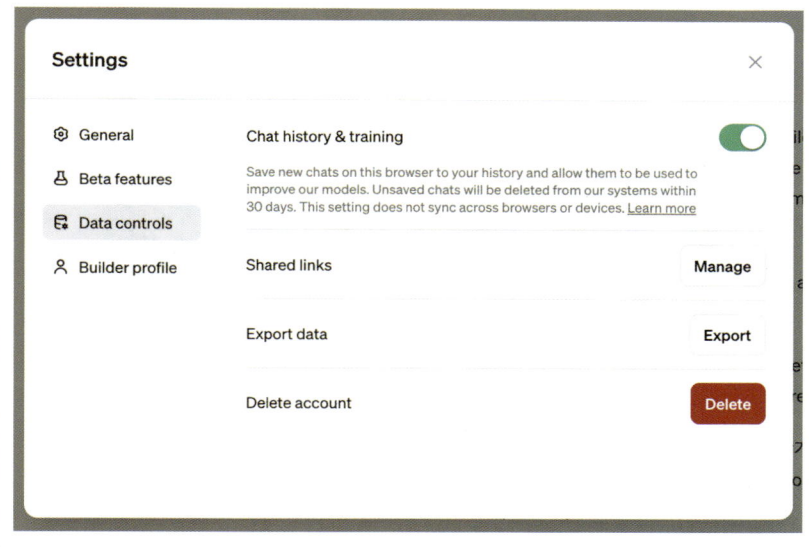

회의 안건 작성하기

사용한 프롬프트: A robot sitting at the head of the while stressed humans frantically take notes. The robot calmly types "Agenda: 1. Coffee, 2. Panic, 3. Success." Style: vibrant primary colors, strong black outlines, halftone dots texture, bold lettering, reminiscent of 1950s-60s advertising and sci-fi comics. (로봇이 회의 테이블의 맨 위에 앉아 있고, 스트레스 받은 인간들이 정신 없이 메모한다. 로봇은 침착하게 이렇게 타이핑한다: "안건: 1. 커피, 2. 패닉, 3. 성공." 스타일: 강렬한 원색, 두꺼운 검은 윤곽선, 망점 질감, 굵은 레터링. 1950~60년대 광고와 공상과학 만화를 연상시키는 느낌)

🤖 기본 프롬프트

주간 점검 회의를 위한 회의 안건을 작성해 줘.

Please draft a meeting agenda.

🤖 구체화 프롬프트

- (목적 및 참석자) 개발팀과 마케팅팀이 참석하는 60분짜리 프로젝트 킥오프 회의 안건을 만들어 줘. 목표, 일정, 역할 분담에 중점 두면 좋겠어.
- (시간 배정) 제품 검토 회의를 위한 1시간짜리 안건을 작성해 줘. 데모가 20분 정도 들어가면 좋겠어.
- (구체적 주제) 고객 상태 업데이트 콜을 위한 회의 안건을 생성해 줘. 최근 진행 상황, 예산 검토, 향후 마일스톤, 리스크 및 이슈, Q&A를 포함해 줘.
- (의사 결정) 새 CRM 선택 관련 45분짜리 의사 결정 회의 안건을 작성해 줘. 벤더 발표, 장단점 토론이 들어가면 좋겠어.
- (목표 및 결과물 명시) 워크숍 안건을 만들어 줘. 워크숍의 목적은 협력적 팀워크를 통해 창의적 아이디어를 내는 것을 훈련하는 거야. 시각적으로 볼 수 있는 결과물이 나오면 좋겠어.
- (공식 이사회 회의 스타일) 공식 이사회 회의 안건을 준비해 줘.
- (창의적 워크숍) 새 마케팅 캠페인 브레인스토밍 세션(2시간) 안건을 만들어 줘. 아이스 브레이킹도 들어가면 좋겠어.

Vision 프롬프트

출처: Hugo Rocha/Unsplash

이 사진을 바탕으로 이번 회의 안건을 만들어 줘.

Create a meeting agenda based on this image.

구체화 프롬프트

- 이걸 바탕으로 앞으로 해야 할 것이 무엇인지 정리해 줘.
- 회의에 누가 참석하는 것이 좋을지 알려 줘.
- 회의에서 다룰 각 안건의 예상 소요 시간을 제안해 줘.
- 회의 후에 담당자별로 실행해야 할 액션 아이템을 정리해 줘.
- 이 회의의 성공 기준과 기대되는 결과물을 구체적으로 정의해 줘.

프레젠테이션 기획하기

사용한 프롬프트: A robot dressed as a magician pulling slides out of a hat, while the audience is half-bored, half-amazed. Style: vibrant primary colors, strong black outlines, halftone dots texture, bold lettering, reminiscent of 1950s-60s advertising and sci-fi comics. (마술사 복장을 한 로봇이 모자에서 슬라이드를 꺼내자, 청중은 반은 지루하고 반은 감탄한다. 스타일: 강렬한 원색, 두꺼운 검은 윤곽선, 망점 질감, 굵은 레터링. 1950~60년대 광고와 공상과학 만화를 연상시키는 느낌)

기본 프롬프트

(　　　) 내용에 대한 프레젠테이션을 만들어 줘.
Create a presentation on (　　　).

🤖 구체화 프롬프트

- 프레젠테이션의 핵심 메시지와 달성하고자 하는 목표를 정의해 줘.
- 각 슬라이드별 제목과 요약할 주요 포인트를 제안해 줘.
- 청중의 배경 지식 수준에 맞춰 설명 난이도와 용어를 조정해 줘.
- 시각 자료(차트, 이미지, 아이콘 등) 활용 아이디어를 구체적으로 추천해 줘.
- 발표 시간(예: 15분, 30분)에 맞춰 슬라이드 수와 시간 배분을 안내해 줘.

🤖 Vision 프롬프트

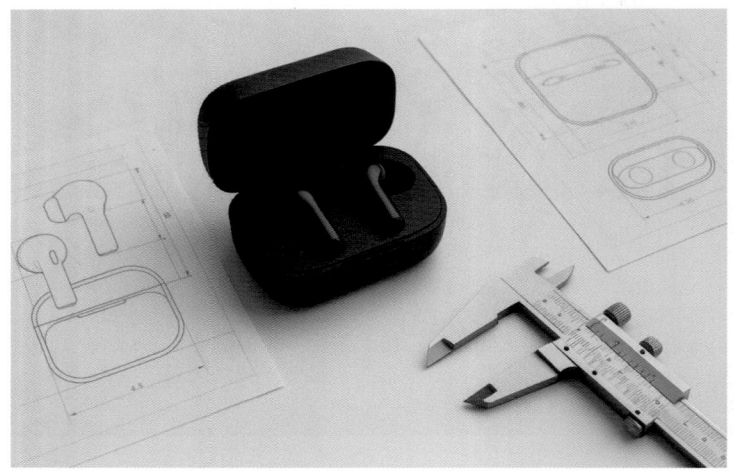

이 이미지에 있는 무선 이어버드 프로토타입을 바탕으로 제품 출시 프레젠테이션을 위한 슬라이드 요약을 만들어 줘.

Create a slide summary for a product launch presentation based on the wireless earbud prototype shown in this image.

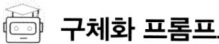 **구체화 프롬프트**

- 시장 분석 섹션에 들어갈 시장 규모, 경쟁사 비교, 차별점 등을 제안해 줘.
- 사용자 페르소나와 시나리오를 설명할 슬라이드 구성을 알려 줘.
- 기술 사양 및 설계 프로세스를 설명하기 위한 다이어그램 혹은 이미지 배치 아이디어를 제안해 줘.
- 발표 마지막에 포함할 다음 단계(출시 일정, 마케팅 플랜, 팀 액션 아이템)를 정리해 줘.

리허설용 질문 만들어 보기

사용한 프롬프트: A nervous human presenting to ChatGPT, but ChatGPT is wearing Groucho glasses and asking sarcastic questions like a heckler, forcing the presenter to sharpen their answers. (긴장한 사람이 챗GPT 앞에서 발표를 연습하는데, 챗GPT는 그라우초 안경을 쓰고 야유꾼처럼 비꼬는 질문을 던져 발표자가 답변을 더 날카롭게 다듬게 만든다.)

기본 프롬프트

나는 이 프레젠테이션을 할 거야. 청중이 할 법한 질문들을 만들어 줘.
I'm going to deliver this presentation. Generate questions the audience is likely to ask.

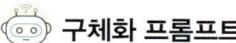 **구체화 프롬프트**

- 주요 슬라이드별로 예상 질문을 3개씩 제시해 줘.
- 초보자도 이해하기 쉽도록 기초적인 질문과, 심화 토론용 고급 질문을 구분해서 만들어 줘.
- 가장 논쟁이 예상되는 주제에 대해 청중이 던질 수 있는 비판적 질문을 제안해 줘.
- 나의 주장에 대해 다양한 시각에서 질문을 만들어 줘.
- 미래 지향적 질문을 만들어 줘.

비전 프롬프트

여기가 내가 발표할 곳이야. 단상의 위치, 발표자의 위치, 마이크의 높이, 좌석의 배치에 대해 피드백을 줘.

This is where I will be presenting. Please give feedback on the podium's placement, the presenter's position, the microphone height, and the seating arrangement.

🤖 구체화 프롬프트

- 이 장소는 특이하게 프레젠테이션이 측면을 향해 있어. 이런 상황에서 좌석 배치를 어떻게 하는 것이 좋을까?
- 청중이 질문을 편하게 하게 하려면 어떤 준비가 필요할까?
- 질문을 온라인으로 받아서 저기에 띄울 수 있는 방법은 무엇이 있을까?

데이터 분석하기

사용한 프롬프트: A buffet line where dishes are bar graphs, pies are literal pie charts, and spaghetti charts are actual spaghetti. The robot detective is sampling with a fork while humans take notes. (뷔페 줄에 막대 그래프는 요리, 파이 차트는 진짜 파이, 스파게티 차트는 실제 스파게티로 차려져 있다. 로봇 탐정이 포크로 맛을 보며 인간들이 메모한다.)

기본 프롬프트

이것은 전 세계 이산화탄소 배출량 데이터야. 분석을 도와줘.
This is data on world CO2 emission. Help me analyze it.

구체화 프롬프트

- 국가 1과 국가 2를 비교해 줘. 시간에 따라 추이가 어떻게 변화해?

데이터 분석하기 **145**

- 연도별 배출량을 바탕으로 전년 대비 증감률을 계산하고, 가장 크게 증가한/감소한 시기를 알려 줘.
- 대륙별(또는 국가별) 총 배출량을 비교하여 순위와 비중을 도표로 정리해 줘.
- 과거 30년 치 데이터를 이용해 향후 10년간 배출량 추세를 선형 회귀 모델로 예측해 줘.
- 가장 배출량이 많은 상위 5개국과 가장 적은 하위 5개국을 목록으로 보여 주고, 그 이유를 간단히 설명해 줘.
- 산업, 교통, 발전 부문 등 주요 배출 원인을 데이터로 구분하여 각 부문의 기여 비율을 계산해 줘.
- 어떤 국제 환경 협약(교토 의정서, 파리 협정 등) 도입 시점 이후 배출량 변화를 분석하고, 정책 효과를 평가해 줘.
- 데이터를 효과적으로 전달하기 위한 시각화(라인 차트, 스택 바 차트, 히트맵 등) 유형과 레이아웃 아이디어를 추천해 줘.

비전 프롬프트

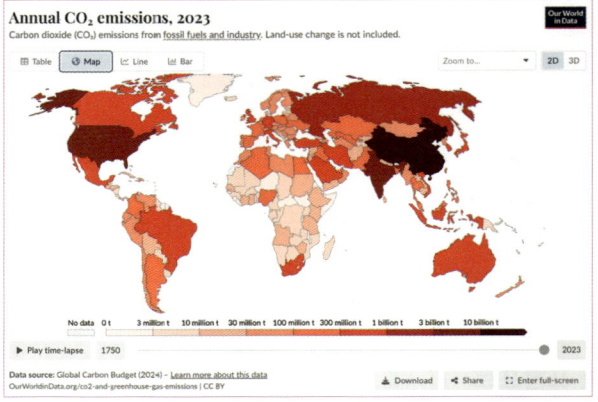

출처: https://ourworldindata.org/grapher/annual-co2-emissions-per-country?tab=map

데이터셋의 연도별 변화를 고려하였을 때 이 지도 그래프는 앞으로 어떻게 변화하게 될까?

Considering the year-over-year changes in the dataset, how is this map expected to change in the future?

 구체화 프롬프트

- 대륙별(아시아·유럽·북미 등) 총 배출량 순위를 비교하고, 각 대륙의 전체 배출 비중을 계산해 줘.
- 2023년 배출량이 전년 대비 크게 증가하거나 감소한 국가를 찾아서 그 배경(에너지 정책·산업 구조 등)을 간단히 정리해 줘.
- 이 그래프와 GDP(또는 산업 생산량) 데이터를 연계해, 배출량과 경제 규모 간 상관 관계를 분석해 줘.
- 탄소 배출 저감을 위해 우선적으로 개선해야 할 지역(국가)과 가능한 정책 대안을 제안해 줘.

월별 매출·지출 트렌드 분석

사용한 프롬프트: ChatGPT as a TV weatherman pointing at a forecast map: "This month's forecast: 80% chance of high expenses, with a brief shower of sales. (챗GPT가 일기예보 아나운서처럼 예보 지도를 가리키며 말한다: "이번 달 예보: 고비용 확률 80%, 매출은 소나기처럼 잠깐 올 예정.")

기본 프롬프트

월별 매출 · 지출 데이터를 바탕으로 트렌드를 분석해 줘.

Analyze the trends based on the monthly sales and expenditure data.

🤖 구체화 프롬프트

- 각 월의 매출과 지출을 전년 같은 달과 비교하여 증감률을 계산하고, 가장 크게 상승·하락한 달을 알려 줘.
- 계절별(분기별) 매출·지출 패턴을 파악하고, 성수기·비수기 패턴이 보이는지 설명해 줘.
- 월별 매출·지출 데이터에서 평균 대비 크게 벗어나는 이상치(이상 증가·이상 감소)를 찾아서 그 원인을 추정해 줘.
- 지출을 인건비·마케팅·운영비 등 주요 카테고리로 나누고, 월별 비중 변화를 표와 함께 정리해 줘.
- 월별 매출과 지출을 비교하여 손익 분기점에 언제 도달되었는지, 수익성이 가장 높았던 달은 언제인지 알려 줘.
- 과거 2년 치 월별 데이터를 기반으로 다음 6개월간 매출·지출을 시계열 예측하고, 신뢰 구간도 함께 제시해 줘.
- 데이터를 잘 보여줄 수 있는 차트 유형(라인 차트, 히트맵, 누적 영역 차트 등)과 레이아웃 아이디어를 추천해 줘.

🤖 비전 프롬프트

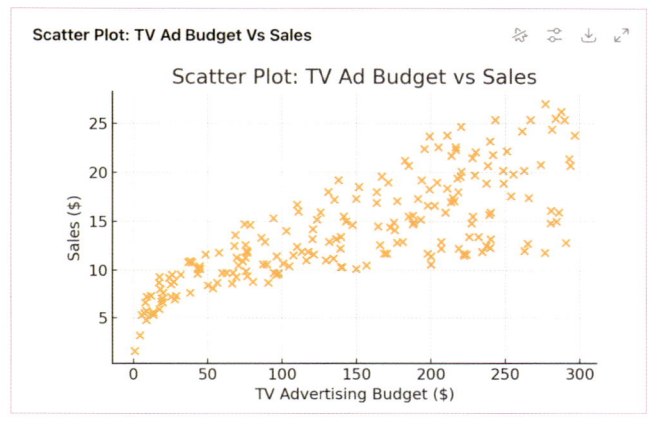

 **구체화 프롬프트**

- TV 광고 예산과 매출 간의 상관계수를 계산하고, 전반적인 추세(양의 선형 관계 등)를 설명해 줘.
- 매출 대비 광고비 대비 높은 성과나 낮은 성과를 보이는 이상치 몇 개를 찾아 주고, 그 이유를 추정해 줘.
- TV 광고 예산을 몇 개 구간(예: 0~50, 50~150, 150+ 달러)으로 나눠서, 각 구간별 평균 매출을 비교·정리해 줘.
- 라디오·신문 광고 예산 데이터를 추가로 고려했을 때, TV 예산의 단독 효과와 결합 효과를 비교해 줘.

챗GPT 200% 활용하기

그래프의 종류에는 어떤 것들이 있는지 알면 그래프 생성에 도움이 된다.

그래프 유형	모양	언제 사용하면 좋을까?	프롬프트 예시
선 그래프 (Line Chart)		시간 흐름에 따른 추세(예: 월별 매출, 기온 변화)	지난 2년간 월별 매출을 선 그래프로 그려 줘.
막대 그래프 (Bar Chart)		범주별 비교(예: 지역별 매출)	제품 카테고리별 총 매출을 막대 그래프로 보여 줘.
원형 그래프 (Pie Chart)		전체 대비 비율(예: 예산 분배)	부서별 지출 비중을 원형 그래프로 생성해 줘.

차트	(그림)	용도	예시 프롬프트
히스토그램 (Histogram)		수치형 변수 분포(예: 고객 연령 분포)	고객 나이를 10세 단위로 나눈 히스토그램을 그려 줘.
산점도 (Scatter Plot)		두 수치형 변수 관계 (예: 광고비 vs. 매출)	TV 광고 예산과 매출 간의 산점도를 만들어 줘.
박스 플롯 (Box Plot)		분포 요약(중앙값 · 사분위 · 이상치)	지역별 분기별 매출에 대한 박스 플롯을 생성해 줘.
면적 차트 (Area Chart)		누적 추세 또는 스택형 범주(예: 채널별 누적 매출)	연간 채널별 매출을 스택 면적 차트로 보여 줘.
히트맵 (Heatmap)		행렬형 강도 표현(예: 상관계수 매트릭스, 시간대별 방문자 수)	요일별 · 시간대별 웹사이트 방문자 수를 히트맵으로 그려 줘.
버블 차트 (Bubble Chart)		산점도 + 제3변수 크기(예: 매출 · 이익률 · 광고비)	매출(x), 이익률(y), 광고비(버블 크기)로 버블 차트를 만들어 줘.
폭포수 차트 (Waterfall Chart)		단계별 기여도(예: 수익, 비용, 세금 → 순이익 구성)	수익, 비용, 세금 항목이 어떻게 순이익을 만드는지 폭포수 차트로 보여 줘.

월별 매출 · 지출 트렌드 분석

지도 그래프 (Map)		지리적 데이터(예: 국가별 CO_2 배출량)	세계 지도를 CO_2 배출량에 따라 색칠해 줘.
레이더 차트 (Radar Chart)	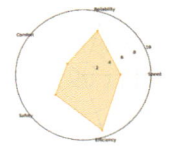	다수의 정량 지표를 항목별로 비교할 때 (예: 제품 기능 점수, 팀 KPI)	배터리 수명, 오디오 품질, 착용감, 연결성, 가격 5개 축으로 4개 제품을 비교하는 레이더 차트를 만들어 줘.

챗GPT 200% 활용하기

다음은 챗GPT를 고급 통계에 활용할 수 있는 예시이다.

기술통계
- 이 데이터셋의 '매출' 열에 대해 평균, 중앙값, 표준편차를 계산해 줘.
- '연령' 열에 대해 최솟값, Q1, 중앙값, Q3, 최댓값을 구해 줘.
- '종류' 열에 대한 빈도 분포표를 만들어 각 카테고리별 빈도수와 백분율을 표시해 줘.
- 데이터셋의 모든 수치형 열에 대해 기술통계(평균, 중앙값, 표준편차, 최솟값, 최댓값)를 생성해 줘.

추론통계
- group A와 group B 간의 매출 평균을 비교하기 위해 T-test를 수행해 줘.
- 교육 수준과 취업 상태 간 관계가 있는지 알아보기 위해 카이제곱 검정을 실시해 줘.
- 크기, 위치, 방의 개수를 기반으로 집값을 예측하는 회귀분석을 수행해 줘.
- 홍보 비용과 매출 간 상관계수를 계산하고, 그 관계가 통계적으로 유의미한지 판단해 줘.

- 연구의 검정력(power)을 0.8, 유의 수준을 0.05, 예상 효과 크기를 0.5로 설정할 때 적절한 표본 크기(sample size)는 얼마일까?

데이터 시각화
- '연령'의 분포를 시각화할 수 있도록 히스토그램을 만들어 줘.
- 수입과 지출 간의 관계를 보여 주는 산점도를 생성해 줘.
- 지역별로 매출 분포를 비교할 수 있도록 박스 플롯을 만들어 줘.
- 시간에 따른 주가의 추세를 시각화할 수 있도록 선 그래프를 그려 줘.

데이터 정제 및 준비
- '학생_id' 열에서 결측값을 식별하고, 이를 처리하는 방법(예: 대체, 제거)을 제안해 줘.
- '성적' 열에서 아웃라이어를 찾아내고, 이를 어떻게 처리할지(예: 제거, 한곗값 설정, 변환) 제안해 줘.
- 학생 번호가 잘못 기재되고 시험 점수 데이터가 누락된 성적 데이터 CSV 파일을 정제하는 단계별 접근법을 설명해 줘.

학습용 방탈출 게임 만들기

사용한 프롬프트: Draw escape room, chaotic, people running from happiness. Make it witty and funny with layers of meanings. Pop art comic book style illustration, vibrant primary colors, strong black outlines, halftone dots texture, clear subject matter, reminiscent of 1950s-60s advertising or sci-fi comics, bold lettering. (방탈출 장면. 혼란스럽고, 사람들이 행복으로부터 달아난다. 재치 있고 유머러스하며 다층적인 의미가 담겨 있다. 팝아트 만화 스타일, 강렬한 원색, 두꺼운 검은 윤곽선, 망점 질감, 1950~60년대 광고나 공상과학 만화를 연상시키는 명확한 주제, 굵은 레터링)

기본 프롬프트

학습용 방탈출 게임을 만드는 것을 도와줘.

Help me make an escape room game.

 **구체화 프롬프트**

- 초등학생 대상의 환경 교육 방탈출 게임을 위한 흥미로운 배경 이야기(프롤로그)를 만들어 줘. 등장인물과 장소도 간단히 설정해 줘.
- 각 퍼즐에 대해 세 단계별 힌트를 작성해 줘. 1단계는 은근한 힌트, 3단계는 거의 답에 가까운 힌트로 구성해 줘.
- 퍼즐 정답을 맞혔을 때 칭찬 메시지와, 오답 입력 시 유도 질문(힌트) 메시지를 만들어 줘.
- 모든 퍼즐을 클리어했을 때 나오는 엔딩 문구와, 학습 동기를 높여 줄 간단한 보상(예: '환경 수호 대장' 배지) 아이디어를 알려 줘.
- 게임 종료 후 학습 효과를 높이기 위한 토론 질문 5개(예: '이 퍼즐에서 배운 환경 지식이 실제 생활에 어떻게 적용될까?')를 만들어 줘.

비전 프롬프트

이 방에서 방탈출 게임을 하려고 해. 디자인 아이디어를 줘.

We will play escape room game in this room. Help me come up with design ideas.

구체화 프롬프트

- 방탈출 게임의 목적은 (   )이고 학생은 (   )명이야. 문제의 수는 5개야.
- 학생들이 좋아할 만한 디자인 테마를 제안해 줘.
- 책상과 의자를 창의적으로 활용할 수 있는 방법을 제안해 줘.
- 이 방을 어떻게 나누어 5개의 문제를 숨겨 놓을 수 있을지 제안해 줘.
- 이 방을 감옥으로 만든다면 감옥을 어떻게 표현할 수 있을까? 어떤 소품을 사용해야 할지 제안해 줘.
- 이 방을 해적선으로 만든다면 어떤 시나리오로 탈출하는 것이 좋을까?

교과서 캡처해서 강의 자료 만들기

사용한 프롬프트: A teacher feeds a textbook page into ChatGPT like a toaster, and out pops a fully-formed lesson plan, complete with apples and chalk. Style: vibrant primary colors, strong black outlines, halftone dots texture, bold lettering, reminiscent of 1950s-60s advertising and sci-fi comics. (교사가 교과서 페이지를 토스터처럼 챗GPT에 넣자, 사과와 분필까지 갖춘 완벽한 수업 지도안이 '뿅'하고 나온다. 스타일: 강렬한 원색, 두꺼운 검은 윤곽선, 망점 질감, 굵은 레터링. 1950~60년대 광고와 공상과학 만화를 연상시키는 느낌)

기본 프롬프트

오늘은 이 내용에 대하여 강의할 거야. 강의 자료를 만들어 줘. (교과서 캡처본 올리기)

Today, I will give a lecture on (   ). Please suggest lecture materials.

🤖 구체화 프롬프트

- 이 개념을 어떻게 쉽게 설명하면 좋을까?
- 이 내용과 관련된 토론용 심화 질문 3개를 만들어 줘.
- 중요 용어 암기를 점검할 객관식 문제 5개(각 사지선다)와 정답을 만들어 줘.
- 교과서 이론을 실제 사례에 적용해 보는 짧은 과제 지시문을 작성해 줘.
- 50분 수업 기준으로 도입-전개-정리 단계별 지도안을 제안해 줘.
- 평가를 위한 채점 기준표(루브릭) 항목과 기준 수준(우수/보통/미흡)을 작성해 줘.

🤖 비전 프롬프트

이건 교과서 캡처본이야. 이걸 바탕으로 강의 자료를 만들어 줘.
This is a screenshot from a textbook. Please prepare lecture materials based on this.

구체화 프롬프트

- 이 개념을 어떻게 쉽게 설명하면 좋을까?
- 난이도 상중하의 연습 문제들을 내 줘.
- 여기서 핵심 개념은 뭐야?
- 핸즈온 활동을 제안해 줘.
- 이 내용으로 밖에 나가서 할 수 있는 학습 활동을 제안해 줘.

강의 계획서 만들기

사용한 프롬프트: A student exploring mountains of books, rivers of projects, and forests of midterms and finals. Style: Pop art comic book style illustration, vibrant primary colors, strong black outlines, halftone dots texture, clear subject matter, reminiscent of 1950s-60s advertising or sci-fi comics, bold lettering. (학생이 책의 산, 과제의 강, 중간·기말의 숲을 탐험한다. 팝아트 만화 스타일, 강렬한 원색, 두꺼운 윤곽선, 망점 질감, 명확한 주제, 1950~60년대 광고나 공상과학 만화를 연상시키는 굵은 레터링)

 기본 프롬프트

내가 가르칠 수업의 강의 계획서를 만들어 줘.

Make a syllabus for the class I am teaching.

🤖 구체화 프롬프트

- 과목명은 (　　)야. (　　)학년 학생들이 듣는 수업이야.
- 내 수업의 목표는 (　　)야. 내가 원하는 인재상은 (　　)야.
- 내가 수업에서 중요하게 생각하는 것, 나의 교육관, 교육 철학은 다음과 같아.
- 여기 작년 실러버스가 있어. 이걸 참고해 줘.
- 중간·기말 평가 방법도 넣어 줘. 과제도 2개 포함해 줘.
- 총 15주야. 마지막 주에는 기말 평가를 봐야 해.

🤖 비전 프롬프트

교과목개요									
직무	직무명					직무역량			
학습 목표									
교수학습방법 (수업방법)	☐ 강의 (설명식 수업)	☐ 토론·토의	☐ 실험·실습	☐ 문제기반 학습	☐ 프로젝트 학습	☐ 현장탐방 및 연계	☐ 블렌디드러 닝(플립러 닝 등)	☐ 원격수업	☐ 기타(입력)
	기타 :								

이게 강의 계획서 템플릿이야. 여기에 들어갈 내용을 제안해 줘.
This is the template for the syllabus. Please suggest content to put in it.

🤖 구체화 프롬프트

- 이 수업은 (　　)이 중요한 수업이야. 그에 걸맞게 채워 줘.
- 그동안 나와의 대화를 통해 내 교육 철학이 어떤지 파악하고 있지?

그걸 토대로 써 줘.
- 채점하는 일이 너무 힘들어. 채점을 쉽게 할 수 있는 과제와 시험을 제안해 줘.

창업 준비 도움 받기

사용한 프롬프트: A young child, entrepreneur, lemonade stand. Vintage comic book style. (어린이 앙트레프레너, 레몬에이드 스탠드. 빈티지 코믹북 스타일)

기본 프롬프트

나는 1년 후쯤 요양원을 시작하고 싶어. 지금부터 어떻게 준비해야 할까?

I want to start a nursing home around one year from now. What should I start preparing from now on?

🤖 구체화 프롬프트

- 나 요양원 사업을 시작하고 싶어. 필요한 자격증은 이미 다 따 놓았고, 건물도 다 준비되어 있어. 그런데 서비스의 퀄리티를 높이되 비용은 절약할 수 있는 아이디어를 브레인스토밍 중이야. 나를 도와줄래?
- 요양보호사를 고용해야 하는데 이들은 사람을 직접 대하는 일을 해야 하기 때문에 인성이 진짜 중요해. 어떻게 인성이 좋은 사람을 뽑을 수 있을까?
- 어떤 사람을 어떤 직무에 배치하면 좋을지 잘 알 수 있는 방법이 뭘까?
- 우리는 이런 서비스를 제공하는 회사야. 재무 소프트웨어를 선택해야 하는데, 선택할 때 고려해야 할 점들이 뭘까?
- 우리는 이런 제품을 만드는 회사야. 소비자들의 니즈를 파악하고 싶은데 리서치 업체에 맡기지 않고 우리가 직접 잠재적 소비자들을 만나서 인터뷰를 해 보고 싶어. 어떻게 사람을 구하고, 어떤 질문을 해야 할까? 보상은?
- 한정된 공간에서 순환율을 높이되, 사용자들에게 좋은 경험을 제공하는 방안이 무엇이 있을까?
- 직원들에게는 어떤 복지가 필요할까?
- 직원들에게는 어떤 식의 보상이 내재적 동기를 불러일으킬 수 있을까?

Vision 프롬프트

내가 만들고 싶은 카페야. 사람들이 좀 더 편하게 노트북을 사용할 수 있게 하려면 디자인을 어떻게 수정하면 좋을까? 조언해 줘.

I want to create a cafe where people can use laptops more comfortably. How should I modify the design to achieve this? Please provide some advice.

🤖 구체화 프롬프트

- 사람들이 노트북을 사용하다가 음료를 엎지르지 않았으면 좋겠어. 그러려면 어떤 것들을 고려하면 좋을까?
- 일하는 사람들과 이야기하는 사람들이 서로에게 방해가 되지 않도록 공간을 나누고 싶어. 조언이 있어?
- 음악은 어떤 음악이 좋을까?
- 친환경적으로 운영하고 싶어. 어떤 것들을 고려해야 할까?
- 음료 메뉴 추천 좀 해 줘. 커피뿐만 아니라 친환경적, 자연주의적 음료를 제공하고 싶어.
- 노트북 전용 카페로 운영하면서도 수익을 남길 수 있을까? 회전율이 좋지 않을 텐데 어떻게 하면 매출도 올리면서 사람들이 노트북을 편안하게 사용할 수 있게 할 수 있을까?

챗GPT 200% 활용하기

미드저니를 이용한 제품 디자인

챗GPT에서 내가 원하는 제품을 디자인해 달라고 한 후, 그것을 미드저니(이미지 생성 AI)에서 그려 본다.

- 프롬프트: "엎질러지지 않는 와이드 베이스 컵을 디자인해 줘. 미드저니용 프롬프트도 같이 만들어 줘"

- 결과:

아래는 엎질러지지 않는 와이드 베이스 컵 디자인 설명과 미드저니 프롬프트입니다.

디자인 설명

- **와이드 베이스**: 바닥이 넓고 중심이 낮아 흔들림에도 잘 쓰러지지 않음.
- **컵 형태**: 약간 곡선을 그리며 위로 올라가면서 살짝 좁아지는 원통형 디자인.
- **뚜껑**: 실리콘 재질의 밀폐형 뚜껑으로, 쉽게 여닫을 수 있는 슬라이드형 마개가 포함.
- **손잡이**: 컵 몸통에 일체형으로 매끄럽게 연결되어 있으며 손이 미끄러지지 않도록 그립 패턴 처리.
- **소재 및 질감**: 무광 메탈(스테인리스 스틸) 재질로 고급스럽고 미끄럼 방지 처리.
- **색상**: 파스텔톤 또는 고급스러운 무광 블랙, 화이트 옵션.

미드저니 프롬프트 (영어)

```css
photorealistic image of a sleek, spill-proof wide-base cup, designed with a broad, stable
```

이렇게 넣으면 완성도 높은 이미지를 얻을 수 있습니다!

챗GPT가 생성한 이미지

미드저니가 생성한 이미지

디자인 싱킹하기

사용한 프롬프트: Design thinking, brain storming, collective intelligence, Vintage comic style. (디자인 싱킹, 브레인스토밍, 집단지성. 빈티지 코믹 스타일)

기본 프롬프트

디자인 싱킹을 해야 하는데 같이 할 사람이 없네. 나랑 같이 해 줄래?
I need to do some design thinking, but I don't have anyone to do it with. Can you do it with me?

🤖 구체화 프롬프트

- 우리는 이런 문제가 있어. (문제에 대한 상세한 설명 첨부) 디자인 싱킹을 이용해서 이 문제를 해결해 보고 싶어.
- 디자인 싱킹의 각 단계들을 같이 해 보자.
- 아이디에이션 부분을 우리 같이 더 브레인스토밍 해 보자.
- 페르소나는 안 만들어? 우리 페르소나도 만들어 보자.
- 프로토타입을 같이 만들어 보자. 이건 무슨 뜻이야? 여기는 어떻게 하는 것이 좋을까? 더 구체적으로 설명해 봐.
- 그러면 이 프로토타입을 시각화해 보게 이미지 생성에 맞는 프롬프트로 써 줄래?
- 이것을 어떻게 실험해 보면 좋을까?
- 데이터 수집은 어떻게 하지? 어떤 것이 의미 있는 데이터일까?
- 이것을 실행에 옮기려면 어떤 절차나 전략으로 하는 것이 좋을까?
- 사람들이 변화에 대한 거부감을 갖지 않도록 새로운 솔루션을 어떻게 홍보하면 좋을까?

🤖 Vision 프롬프트

패스트 패션 때문에 섬유 쓰레기가 너무 많아서 심각한 환경 문제가 되고 있어. 디자인 싱킹 방법을 이용해서 이 문제를 해결하기 위한 아이디어를 모아 보고 싶어. 디자인 싱킹 과정을 가이드해 줘.

Due to fast fashion, there is a significant environmental problem caused by excessive textile waste. I want to gather ideas to solve this issue using design thinking methods. Can you guide me through the design thinking process?

구체화 프롬프트

- 목표로 해야 할 것은 무엇일까?
- 현재 어떤 노력을 각국이 하고 있어?
- 개인이 할 수 있는 일과 단체가 할 수 있는 일, 국가가 할 수 있는 일로 나누어 디자인 싱킹을 가이드해 줘.
- 어린이들에게는 어떤 가치관을 심어 주는 것이 좋을까?
- 성공하는 정책과 실패하는 정책의 특징은 무엇일까?
- 일상에서 할 수 있는 일들을 생각해 볼 수 있도록 가이드해 줘.

더 알아보기

디자인 싱킹은 집단 지성을 활용하는 문제 해결법이다. 어떤 문제를 해결하기 위하여 여러 사람이 머리를 맞대어 문제를 분석하고, 브레인스토밍 하고, 실험하고, 토론하는 과정을 포함한다. 이 디자인 싱킹의 모든 단계에서 챗GPT를 활용할 수 있다.

1. 공감하기(Empathize)
   - 사용자 인터뷰: 인터뷰 질문의 초안을 만들 때, 내가 만든 것을 수정할 때, 수집된 데이터를 분석하고 분류할 때 챗GPT를 사용할 수 있다.
   - 페르소나 만들기: 가상의 사용자 프로필, 그들의 행동, 일과 등에 대해 논의하고 브레인스토밍 해야 할 때 챗GPT는 자세한 페르소나를 만들어 줄 수 있다.

2. 정의하기(Define)
   - 문제의 정의와 정제: 사용자 피드백을 수집한 후 챗GPT를 이용해 명확하고 실행 가능하게 문제를 정의하고 정제할 수 있다.
   - 데이터 분석: 챗GPT는 1차적 분석을 해 줄 수 있다. 통계 프로그램처럼 대량의 데이터를 돌릴 수는 없지만 트렌드를 찾거나 대략적인 패턴을 이해를 하는 데에는 도움이 될 수 있다.

3. 아이디에이트(Ideate)
   - 브레인스토밍: 문제나 시나리오를 챗GPT에 제시하고 가능한 솔루션이나 아이디어를 요청할 수 있다. 어떤 과제든지 아이디어를 얻기에 챗GPT는 유용하다.
   - 아이디어에 대한 피드백: 나의 아이디어를 챗GPT에게 주고 다른 관점에서 피드백을 달라고 하거나 내 아이디어를 정제해 달라고 할 수 있다.

4. 프로토타입(Prototype)
   - 프로토타입에 대한 피드백: 프로토타입을 설명하고 챗GPT에게 피드백을 요청한다. 챗GPT는 실제 사용자처럼 피드백을 해 줄 수 있다.
   - 기술적 해결책: 디지털 제품을 제작하는 경우 챗GPT는 프로토타입을 실현하기 위한 기술, 도구 그리고 방법론을 제안해 줄 수 있다.

5. 테스트(Test)
   - 테스팅 방법 개선: 사용자 테스팅 방법에 대해 챗GPT에게 아이디어를 달라고 할 수도 있고, 내가 생각한 방법에 대해 논의하고 개선할 수 있다.
   - 피드백 분석: 테스팅 후 사용자 피드백을 챗GPT에 입력하여 데이터를 분류, 분석하

고 현실적 인사이트를 얻을 수 있다.

6. 구현 및 반복(Implementation & Iteration)
   - 전략 개발: 해결책을 어떻게 실행에 옮길 것인지에 대해서도 챗GPT는 좋은 아이디어를 제공할 수 있다.
   - 지속적인 피드백: 실행하고 수정하는 일을 반복할 때에도 챗GPT의 의견을 초안으로 고려할 수 있다.

페르소나 만들기

사용한 프롬프트: A sculptor making a persona. Make it hip. Vintage comic style. (조각가가 페르소나를 만들고 있다. 힙하게 만들어 줘. 빈티지 코믹 스타일)

🤖 기본 프롬프트

너는 인스타그램을 분석하는 애널리스트야. 인스타그램을 사용할 만한 4~6개의 유저 페르소나를 만들어 줘.

You are an Instagram analyst. Create 4~6 user personas for Instagram.

🤖 구체화 프롬프트

- 여성 2~3명, 남성 2~3명으로 만들어 줘.
- 각각의 페르소나에 대해 다음의 내용을 개조식으로 추가해 줘.
  ① 기본 인구 정도, ② 심리적 특징, ③ 전문성, ④ 개인적 관심사
- 이들이 각각 일상을 어떻게 보내는지 이야기해 줘.
- 이 내용을 표로 만들어 줘.
- 이 페르소나를 이미지 생성 도구로 비주얼하게 만들고 싶어. 이미지 생성 AI에 프롬프트로 넣을 키워드들을 각각 제안해 줘.

🤖 Vision 프롬프트

이 페르소나는 이미지 생성 도구로 만든 거야. 이 페르소나에게 재미있는 이름을 붙여 줘. 이 페르소나의 일과를 상상해서 얘기해 줘.

This persona was created using an image generation tool. Give this persona an interesting name. Imagine and describe the daily life of this persona.

구체화 프롬프트

- Lena라고 이름을 붙여 줬네. 그건 재미있는 이름이 아니잖아. 샐러드 샐리, 이태리 태리 뭐 이런식으로 좀 재미있게 만들어 봐.
- 이 페르소나를 이용해서 디자인 싱킹을 하려고 해. 주제는 이들에게 필요한 앱이야. 디자인 싱킹 질문을 어떻게 만들면 좋을까?
- 이 페르소나의 일과를 결혼한 사람의 경우와 결혼하지 않은 사람의 경우로 나누어서 다시 써 줘.

챗GPT 답변 예시

 너는 인스타그램을 분석하는 애널리스트야. 4-6개의 인스타그램 사용자 페르소나를 만들어줘.

 인스타그램 사용자 페르소나를 다양한 관점에서 분석할 수 있습니다. 다음은 6가지 인스타그램 사용자 페르소나의 예입니다:

1. **컨텐츠 크리에이터 (Content Creator)**: 이 사용자 페르소나는 독창적이고 창의적인 콘텐츠를 생산하여 팔로워를 끌어들이고 소셜 미디어 인플루언서로서 활약합니다. 컨텐츠 크리에이터는 대중들의 관심을 끌기 위해 트렌드를 잘 파악하고 시각적인 스토리텔링을 통해 브랜드와 제품을 홍보합니다.
2. **소셜 버터플라이 (Social Butterfly)**: 이 사용자 페르소나는 친구들과의 모임, 여행, 이벤트 참여 등 다양한 사회생활을 즐기며 인스타그램을 통해 그 경험을 공유합니다. 소셜 버터플라이는 인스타그램을 통해 새로운 사람들과 만나고, 네트워크를 확장하며, 친구들과의 추억을 기록합니다.
3. **아트 애호가 (Art Enthusiast)**: 이 사용자 페르소나는 인스타그램을 통해 예술 작품, 디자인, 사진 등 창작물을 공유하며 자신의 아이덴티티를 표현합니다. 아트 애호가는 동시에 다른 아티스트와 협업하거나, 작품에 대한 피드백을 주고받으며 크리에이티브 커뮤니티에 깊이 빠져있습니다.
4. **건강 및 운동 열정가 (Health & Fitness Enthusiast)**: 이 사용자 페르소나는 건강한 라이프스타일과 운동에 열정을 가지고 있으며, 인스타그램을 통해 운동 루틴, 식단 정보, 몸매 변화 등을 공유합니다. 건강 및 운동 열정가는 팔로워들에게 영감을 주며, 동시에 동료 운동 열정가들과 정보를 교환하고 동기부여를 얻습니다.

제품 설명서 쓰기

사용한 프롬프트: A ghost writer writing product description of a mug. Vintage comic style. (유령 작가가 머그에 대한 제품 설명서를 쓰고 있다. 빈티지 코믹 스타일)

🤖 기본 프롬프트

우리 회사는 새로운 제품을 출시했어. 이 제품에 대한 홍보용 설명을 써 줘.

Our company has launched a new product. Please write a promotional description for this product.

🐷 구체화 프롬프트

- 이 제품은 이런 비하인드 스토리를 가졌고, 이런 특징이 있어. 이것을 바탕으로 설명을 써 줘.
- 이 서비스는 매주 업데이트가 되거든. 그래서 매주마다 SNS에 새로운 업데이트를 홍보할 계획이야. 다음 주의 업데이트 내용은 다음과 같아. 이것을 바탕으로 홍보용으로 짧은 설명글을 써 줘.
- 여기 이 제품에 대한 상세한 스펙이 있어. 이것을 바탕으로 사람들이 이 제품을 사고 싶게 글을 써 줘.
- 이 제품에 대한 설명을 유튜브에 올리려고 해. 유튜브용 멘트를 써 줘.
- 이 제품을 노인이나 어린이 대상으로 판매하려고 할 때 쉽고도 귀에 잘 들어오는 설명을 써 줘.
- 제품 설명서에서 안전한 사용과 관련해서 가장 중요한 사항을 강조하고 싶어. 어떻게 써야 효과적일까?
- 이 제품에 대한 탄생 스토리를 만들어 줘.

🤖 **Vision 프롬프트**

우리 회사가 온라인으로 판매할 제품이야. 이 제품에 대한 설명 좀 써 줄래?

This is a product that our company will sell online. Can you please write a description for this product?

🤖 **구체화 프롬프트**

- 너는 이 제품을 판매하는 사람이고 이 제품에 대해서 긍정적인 이야기를 하려고 해. 이 제품에 대한 설명을 써 줘.
- 이 제품의 기능에 대한 설명을 써 줘.
- 이 제품은 친환경 재료로 만들어졌거든. 환경친화적이라는 내용을 포함해 줘.
- 여기 제품 설명 템플릿이 있어. 이 형식에 맞게 써 줘.

보도 자료로 홍보 문구 만들기

사용한 프롬프트: A person holding a megaphone is shouting. Flyers are flying out of the megaphone. People are watching him. Vintage comic style. (메가폰을 든 사람이 소리치고 있다. 메가폰에서 광고가 쏟아져 나온다. 사람들이 그를 본다. 빈티지 코믹 스타일)

기본 프롬프트

다음은 우리 기관의 보도 자료야. 이 내용을 바탕으로 SNS에 올릴 홍보 문구를 30개 만들어 줘. (보도 자료 첨부)

The following is a press release from our organization. Please create 30 promotional captions for social media based on this content. (Press release attached)

🤖 구체화 프롬프트

- SNS 플랫폼에 올릴 거야. 웃기고 재미있게 만들어 줘.
- 가볍고 신나는 내용으로 해 줘. 이모티콘도 넣어 줘.
- 블로그에 올릴 거야. 4주 동안 일주일에 하나씩 시리즈로 올리려고 해. 각 주에 넣을 내용을 시리즈로 만들어 줘. 각 블로그 글은 2~3문단 정도로 써 줘.
- 타깃 독자는 청소년이야. 그들의 문화에 맞게 글을 써 줘.
- 우리 서비스가 돋보이게 만들어 줘.
- 웹툰으로도 홍보하려고 해. 웹툰은 어떤 내용을 그리면 좋을까?

Vision 프롬프트

> **선생님의 정당한 교육활동, '교원배상책임보험'으로 실효성 있게 보호합니다.**
>
> − 분쟁 발생 시, 법률 지식 갖춘 전문가가 분쟁 조정 통합(원스톱) 서비스 제공
> − 교육활동 침해행위로 인한 신체적·정신적 치료 및 상담 비용 지원
> − 교육활동 침해행위자 대상 제소 시 변호사 비용 지급, 피소 시 변호사 비용 선지급

교육부(부총리 겸 교육부장관 이주호)는 9월 26일(화), '교원배상책임보험' 표준 모델(안)을 발표한다. 앞으로 전국의 모든 선생님은 교육활동 중 분쟁이 발생하면 초기부터 소송까지 법률 지식을 갖춘 전문가의 통합(원스톱) 서비스를 받을 수 있다. 또한 선생님들을 위한 신체적·정신적 치료 및 상담 비용 지원이 확대된다. 아울러, 교육활동 침해 행위자에게 교원이 민사소송을 제기할 때, 변호사 비용을 지원받을 수 있고, 피소 시 변호사 선임비용을 선지급 받을 수 있다.

구분	현황	개선
교육활동중 분쟁 발생	• 교원이 홀로 사안 처리	• 법률 지식 갖춘 전문가(변호사, 보험사 직원 등)가 직접 현장 방문하고, 대리인으로서 사안 조정
치료·상담	• 손해배상의 일환, 교육활동 침해행위 대상 제한적 치료 및 상담	• 교권보호위원회 결과 없이도, 교육활동 침해 여지 사안에 대한 치료 및 상담 지원 기능

출처: 교육부

여기 정부의 보도 자료가 있어. 이 내용을 SNS로 널리 홍보하려고 해. 적합한 홍보 문구를 20개 만들어 줘.

Here is a government press release. I want to promote this content widely on social media. Please create 20 promotional captions.

구체화 프롬프트

- 학부모 대상, 학생 대상, 교사 대상 문구를 따로 만들어 줘.
- 한 줄짜리 홍보 문구를 한 달치 만들어 줘. 매일 하나씩 올릴 계획이야.
- 블로그에는 이 보도 자료를 더 쉽게 풀이한 설명을 올리려고 해. 5세 아이도 이해할 수 있게 쉽게 써 줘.
- 현행과 개선을 비교하는 웹툰을 그리고 싶어. 각 항목에 대해 어떤 스토리를 만들면 좋을까?

홍보 마케팅 컨설팅

사용한 프롬프트: A child entrepreneur who is just about to start his business is ready to go. Vintage art style. (어린이 앙트레프레너가 창업 준비가 끝났다. 빈티지 아트 스타일)

🤖 기본 프롬프트

이제 창업 준비가 끝났어. 1개월 후면 오픈이야. 이 기간 동안 어떻게 홍보를 하면 좋을까?

Now that the preparations for the startup are complete, we are opening in 1 month. What is the best way to promote during this period?

구체화 프롬프트

- 우리 서비스를 이용할 사람들은 이런이런 사람들이야. 이 사람들에게 어떤 경로로 홍보를 하면 효과가 높을까?
- 타깃 시장은 MZ야. 유튜브 채널을 통한 홍보가 이 타깃에게 효과가 있을까?
- SEO는 어떻게 설정하면 좋을까?
- 소셜 미디어 홍보 담당을 따로 고용하는 것이 필요할까?
- 무자금 홍보를 하는 방법에는 어떤 것들이 있을까?
- 인스타그램을 활용한 마케팅도 하고 싶어. 계정 운영은 누가 하는 것이 좋을까?
- 이런이런 이벤트를 실시하고 싶어. 구매율을 높이려면 어떤 요소를 활용하면 좋을까?
- 우리 회사는 지역 홍보가 효과가 있을까? SNS를 통한 지역 홍보는 어떻게 해?

Vision 프롬프트

여기 곧 오픈할 노트북 카페의 홍보 자료야. 이걸 길거리에 세워 두려고 해. 여기에 더 들어가야 할 문구나 빼야 할 문구가 있을까?

This is promotional material for a laptop cafe that will open soon. I want to display this on the street. Are there any additional or omitted phrases that need to be included here?

🤖 구체화 프롬프트

- 사람들이 들어오고 싶게 할 문구를 만들어 줘.
- 사람들이 긍정적이고 힘차게 느낄 만한 단어들을 이 내용에 포함시켜 줘.
- 디자인이 어때? 길을 걸어가다가도 사람들이 눈여겨볼 만한 디자인일까?
- 첫 주는 오픈 이벤트로 음료 사이즈 무료 업그레이드를 하려고 해. 이것이 장기적으로 효과가 있을까? 좀 더 장기적으로 효과가 있는 이벤트는 무엇이 있을까?

책의 목차 만들기

사용한 프롬프트: A writer is writing a book. There are crumpled paper everywhere and the hair is all blown. Vintage comic style. (작가가 책을 쓰고 있다. 구겨진 종이가 사방에 있고 머리카락은 휘날리고 있다. 빈티지 코믹 스타일)

기본 프롬프트

나는 이런 이런 책을 쓰려고 해. 목차를 만들어 줘.

I'm planning to write a book on this and that topic. Could you help me create the table of contents?

🤖 구체화 프롬프트

- 책의 목적은 (　)야.
- 책의 타깃 독자는 어린이/청소년/일반 대중/분야 전문가야.
- 나는 이러한 배경/전문성을 가졌어.
- 이 책의 장르는 (　)이고 분위기는 가벼워/무거워.
- 내가 쓰려는 책은 다른 책과 좀 달랐으면 좋겠어. 나는 이 책이 이런 이런 특징이 있었으면 좋겠어.
- 나는 이 책이 대중적이었으면 좋겠어. 대중에게 어필하려면 어떤 내용을 포함시키면 좋을까?
- 나는 이 책이 학술적이었으면 좋겠어. 학술서에 어울리는 제목과 목차를 써 줘.

🤖 Vision 프롬프트

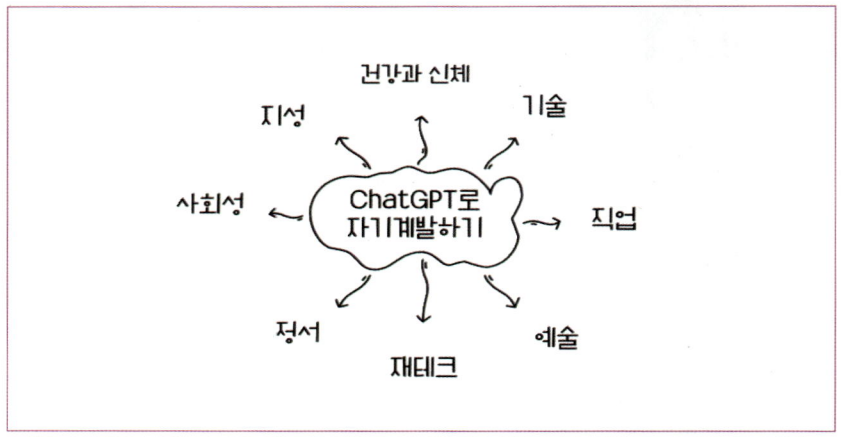

나는 챗GPT로 자기계발하기에 대한 책을 쓰고 있어. 책에 대해 브레인스토밍한 그림이야. 이것을 토대로 목차를 제안해 줘.

I'm writing a book on self-improvement using ChatGPT. This is a brainstorming diagram for the book. Can you suggest a table of contents based on this?

구체화 프롬프트

- 이게 내가 써 놓은 제목의 리스트야. 순서 없이 써 놨어. 이걸 비슷한 주제로 묶어 줄래?
- 이 목차에서 좀 더 추가할 내용이 없을까?
- 비즈니스, 경영인을 위한 내용을 추가하고 싶어. 어떤 내용을 추가하면 좋을까?
- 책의 표지에 어떤 상징을 넣을지 고민이야. 의미 있는 표지를 만들고 싶어. 표지 그림에 어떤 메시지가 들어가면 좋을까?
- 저자 소개를 써 줘. 이게 지난번에 내가 사용한 저자 소개야. 이거보다 더 재미있고 창의적으로 쓰고 싶어. 좋은 아이디어가 있어?

보드게임 만들기

사용한 프롬프트: A super mom game, Vintage comic style. (수퍼맘 게임. 빈티지 코믹 스타일)

기본 프롬프트

보드게임을 만들려고 하는데, 같이 만들자.

Let's make a boardgame together.

구체화 프롬프트

- 게임의 제목과 장르를 무엇이라고 할까? 게임의 최종 목표는?
- 게임에는 스토리가 필요해. 어드벤처 스토리였으면 좋겠어. 아이

디어 좀 줄래?
- 나는 이 게임을 하는 사람들이 이런 감정을 느꼈으면 좋겠어. 그러려면 어떤 스토리를 입히는 것이 좋을까?
- 이 게임에 나는 이런 캐릭터가 등장했으면 좋겠어. 그 외에 또 어떤 캐릭터가 있으면 좋을까?
- 게임의 진행은 어떤 방식으로 이루어지게 할까? 이런 방식은 어때?
- 캐릭터는 어떻게 생겼을까? 여기 묘사해 주면 내가 Dall-E3에 넣어서 만들어 볼게.
- 미션을 40개만 만들어 줘.
- 게임 밸런싱은 어떻게 하는 것이 좋을까?
- 이 게임을 실제로 제작하려고 해. 프로토타입을 먼저 만들고 싶은데 어떻게 집에서 쉽게 만들 수 있을까?
- 그 외 보드게임을 만들기 위해 해야 하는 질문들을 나에게 해 줘.

 Vision 프롬프트

나 이 게임판을 이용해서 어린이를 위한 수학 학습 보드게임을 만들려고 해. 도와줄래?
I want to use this game board to create a mathematics boardgame. Help me.

🎓 구체화 프롬프트

- 대상은 초등학교 1학년이고 목적은 연산이야.
- 여기에 어떤 스토리를 입히면 좋을까?
- 여기에 어울리는 캐릭터는 어떤 캐릭터일까?
- 미션 카드가 있으면 좋겠어. 어떤 미션을 주면 좋을까? 수학과 관련된 것이면 좋겠는데.
- 그 외 이 게임을 더 재미있게 만드는 방법에는 무엇이 있을까?

나의 MBTI 이해하기

사용한 프롬프트: A machine that analyzes MBTI personality test. Vintage comic style. (MBTI 성격검사를 분석해 주는 기계. 빈티지 코믹 스타일)

🤖 기본 프롬프트

나의 MBTI는 ENTP야. 이것을 해석해 줄래?

My MBTI is ENTP. Can you interpret this for me?

🤖 구체화 프롬프트

- MBTI는 얼마나 신뢰할 수 있는 거야?
- 내 MBTI는 ENTP야. 나는 어떤 직업이 잘 맞을까?

- MBTI에 대한 흥미로운 연구 결과들을 알려 줘.
- 나의 MBTI는 ISTJ이고, 내 파트너의 MBTI는 INFP야. 우리의 의사소통 방식에 있어서 가끔 잘 안 맞을 때가 있어. 조언을 해 줄래?
- MBTI는 이러이러한데 사실 나는 나의 그런 성격이 마음에 안 들어. 나를 어떻게 더 발전시킬 수 있을까?
- 내가 한 또 다른 성격검사인 골든성격검사에서는 이런 결과가 나왔어. 그 결과와 나의 MBTI인 ESTJ와는 어떤 연관성이 있을까? 이 두 가지 정보를 어떻게 나에게 유익하게 활용할 수 있을까?
- 나는 스트레스에 대해서 이렇게 반응해. 그것은 내 성격과 관련이 있을까? 어떻게 더 나은 방식으로 스트레스를 처리할 수 있을까?

 Vision 프롬프트

출처: https://www.kbinsure.co.kr/info_event/news_letter/202108/newsletter_sub07.shtml

이 그림은 MBTI 인구 분포 그래프야. 이 그래프를 분석해 줘.

This graph is an MBTI population distribution chart. Please analyze this graph for me.

 구체화 프롬프트

- 이 그래프에서 알 수 있는 흥미로운 점은 뭐야?
- 이 정보를 우리 제품 개발이나 서비스, 홍보에 어떻게 활용할 수 있을까?

챗GPT 답변 예시

 ENTP와 ISFJ 간의 대화를 상상해서 써 줘.

 물론이죠, 여기 MBTI 유형 ENTP(발명가형)와 ISFJ(수호자형) 사이의 대화 스크립트가 있습니다:

지훈 (ENTP): 너는 항상 계획대로 움직이는 거 같아. 그렇게 안 해도 세상은 잘 돌아가는데 왜 그렇게 스트레스를 받아?

은지 (ISFJ): 계획이 있어야 마음이 편해져. 나에게는 일정한 구조와 질서가 필요해. 그게 없으면 오히려 불안하고 혼란스러워.

지훈: 그런 건 이해해. 하지만 가끔은 흐름에 몸을 맡기는 것도 필요하지 않을까? 새로운 것들을 시도하고, 예상치 못한 기회를 잡는 거 말이야.

은지: 나도 새로운 경험을 하고 싶긴 해. 하지만 그렇게 하려면 먼저 모든 가능성을 고려하고 준비해야 해. 갑작스러운 변화는 나를 불편하게 해.

지훈: 이해해, 이해해. 하지만 가끔은 너의 안전 지대를 벗어나는 게 좋을 수도 있어. 나처럼 말이야, 나는 새로운 아이디어와 가능성을 탐색하는 걸 좋아하니까.

은지: 네가 그런 걸 알아. 너는 항상 새로운 아이디어로 가득 차 있고, 그게 정말 멋져 보여. 하지만 나는 더 실용적이고 현실적인 접근을 선호해.

지훈: 그래, 그런 네가 있어서 우리 팀이 잘 균형을 이루는 거야. 너는 세부 사항을 잘 챙기고, 나는 큰 그림을 그리니까.

은지: 맞아, 우리는 서로를 잘 보완해. 네가 가진 창의성과 나의 조직력이 합쳐지면 정말 좋은 결과를 낼 수 있어.

부부싸움 분석가

사용한 프롬프트: A person in group counseling with super heroes. Make sure the super heroes don't infringe on copyright issues. Vintage comic style. (집단 상담을 받는 사람. 슈퍼히어로들에게 상담받는 중. 저작권 침해되지 않도록 조심해 줘. 빈티지 코믹 스타일)

기본 프롬프트

이런이런 이유로 부부싸움을 했어. 어떻게 해결하면 좋을까?

I had an argument with my spouse for these reasons. What would be a good way to resolve it?

🤖 구체화 프롬프트

- 이것은 대략적인 부부싸움의 스크립트야. 이렇게 얘기하며 싸웠어.
- 싸움의 원인이 무엇인 것 같아? 누구의 잘못이 더 커?
- 왜 이 싸움은 해결이 안 되고 계속 언쟁이 돌고 도는 느낌이지?
- 각각 어떤 의사소통 전략을 사용하고 있어?
- 이 문제를 원만하게 해결하는 방법은 뭘까?
- 나는 이게 몹시 화가 나. 나의 심리를 분석해 줘.
- 내가 잘못한 부분은 뭘까? 내가 고쳐야 하는 것을 알려 줘.
- 이런 문제로 또다시 싸우지 않으려면 어떻게 해야 할까?
- 내가 먼저 사과를 하고 싶은데 민망하고 방법을 잘 모르겠어. 사과할 때 어떤 말을 하면 좋을까?
- 행복한 부부의 특징은 뭐야? 우리는 어떤 점을 더 노력해야 할까?
- 내가 상대방을 더 이해할 수 있게 도와줘.

🤖 Vision 프롬프트

출처: https://5minutecrafts.site/learn-psychology/how-to-stop-fighting-in-a-relationship-401/

이것은 갈등 상황 컷 만화야. 이 만화가 주는 메세지는 뭘까?

This is a comic depicting a conflict situation. What is the lesson or message from this comic?

🤖 구체화 프롬프트

- 여기서 비교하고 있는 의사소통 방식을 알려 줘.
- 여기서 예상되는 대화의 흐름을 각각 써 줘.
- 이것이 효과가 없을 때도 있을까?
- 여기서 문제 해결을 위해 사용하고 있는 전략은 뭐야? 나는 내 삶에서 그것을 어떻게 적용할 수 있을까?

연애 고민 상담

사용한 프롬프트: A person in group counseling with Disney princesses, retro comic style. (디즈니 공주들과 집단 상담하는 중인 사람. 레트로 코믹 스타일)

기본 프롬프트

좋은 사람을 만나고 싶은데 왜 좋은 사람은 나를 안 좋아할까?

I want to meet good people, but why do good people not like me?

구체화 프롬프트

- 나는 누구를 좋아하면 이렇게 행동을 해. 내 행동이 문제인 것일까?
- 나는 누구를 좋아하면 혼자 고민만 하고 아무런 행동을 하지 않아.

어떻게 자연스럽고 부담 안 되게 다가갈 수 있을까?
- 나는 누가 날 좋아하면 불안해져. 나의 심리를 분석해 줘.
- 관련된 심리학적 이론을 설명해 줘.
- 좋은 사람이란 어떤 사람일까?
- 나에게 맞는 사람은 어떤 사람이야? 나에게 맞는지 어떻게 알아?
- 성격이 이상한 것을 숨기는 사람이면 어떡하지? 어떻게 알아볼 수 있을까?

 Vision 프롬프트

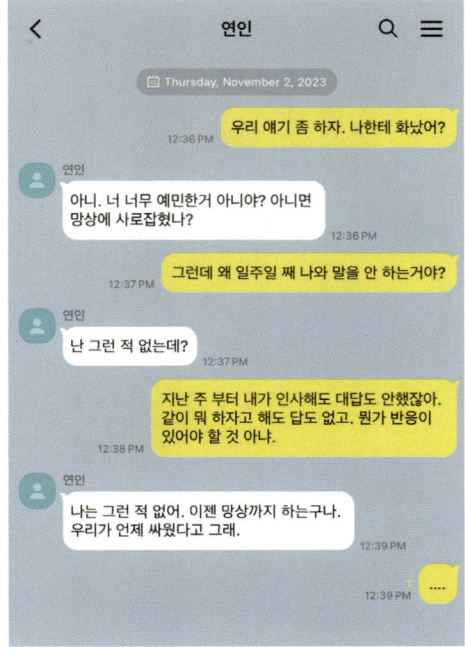

나 여기서 가스라이팅 당하고 있는 거야?
Am I being gaslighted here?

🤖 **구체화 프롬프트**

- 이 대화를 분석해 줘. 상대방은 어떤 방식으로 대화를 하고 있어?
- 그의 논리는 무엇일까?
- 나는 여기에 어떻게 대응해야 할까?
- 왜 자꾸 나에게 망상이 있냐고 하는 걸까?
- 나는 뭐라고 대답해야 할까?

그들은 왜 싸울까? 갈등 상황 이해하기

사용한 프롬프트: Two people fighting over nothing, photo collage, vintage comic book style. (두 사람이 아무것도 아닌 일로 싸우고 있다, 포토 콜라주, 빈티지 코믹북 스타일)

기본 프롬프트

여기 두 사람의 갈등 상황이 있어. 이 사람들이 왜 싸우는지 이해하고 싶어.

Here is a conflict situation between two people. I want to understand why they are fighting.

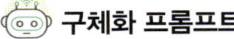 **구체화 프롬프트**

- (두 사람이 논쟁하는 대화 스크립트, 영화나 소설의 갈등 상황, 유튜브에서 두 사람 간의 대화 전사본, 유명한 역사적 디베이트, 자신의 실생활에 있었던 일 등을 첨부하고 묻는다.)
- 이들은 왜 싸우는 거야?/어떤 갈등이 있는 거야?
- 이들이 추구하는 것은 어떻게 달라?
- 이들의 가치관과 철학은 어떻게 달라?
- 이들은 각자 무엇을 주장하는 거야?
- 이들이 이 이슈에 대해 갈등을 해결하지 못하고 있는 이유는 무엇이야?
- 이들이 이 갈등을 해결하려면 어떻게 해야 해?
- 이들의 커뮤니케이션 스타일을 분석해 줘.

Vision 프롬프트

이 나라들은 왜 싸우는 거야?

Why are these countries at war?

🤖 구체화 프롬프트

- 역사적 배경을 얘기해 줘.
- 여기에 언급된 최근의 직접적 이슈들을 설명해 줘.
- 이 문제의 해결을 위해 그동안 어떤 노력들이 있어 왔어?
- 이 갈등이 해결이 쉽지 않은 이유는 뭐야?
- 이 전쟁이 세계 경제에 미칠 영향은 무엇일까?
- 이 사람들의 일상은 어떨까?

회사 문화가 이해가 안 돼. 도와줘

사용한 프롬프트: A woman screaming in frustration because she doesn't understand company's culture. Retro comic style. (회사 문화가 이해가 안 되어서 여자가 스트레스 받아 소리 지르고 있다. 레트로 코믹 스타일)

기본 프롬프트

나는 직장 문화가 이해가 안 돼. 그래서 너무 힘들어. 이것을 잘 헤쳐 나갈 수 있는 전략이 있을까?

I don't understand the workplace culture, and it's making it really tough for me. Are there any strategies for navigating this effectively?

구체화 프롬프트

- 회식은 업무의 연장이야. 내가 왜 퇴근 후에 회식까지 참여해야 돼?
- 나는 그 사람의 사고방식이 이해가 안 돼. 내가 이 상황과 그 사람을 이해할 수 있게 도와줘.
- 출근 시간이 9시라고 하면 9시까지 맞춰 가면 되는 거 아니야? 더 일찍 오라고 하는 상사가 이해가 안 돼.
- 나는 이 일에 어떻게 현명하게 대처하면 좋을까?
- 갈등을 해결하기 위해 내가 할 수 있는 일은 무엇일까?
- 직장의 문화를 바꾸는 것이 가능하기나 할까? 다른 사람들은 어떻게 하는지 혹시 알아?
- 내가 입는 옷의 색깔 가지고도 뭐라고 하는 회사가 너무 싫어. 복장 색깔 가지고 뭐라고 하면 나는 뭐라고 답해야 할까?
- 어떻게 생각하면 별것 아닌 것 같은 작은 이유들인데 이것 때문에 회사를 떠날 고민을 하고 있어. 나중에 후회할까?
- 이런 갈등에서 내가 배울 점은 무엇일까?
- 이런 문제를 해결하는 현명한 방법은 무엇일까?

🤖 Vision 프롬프트

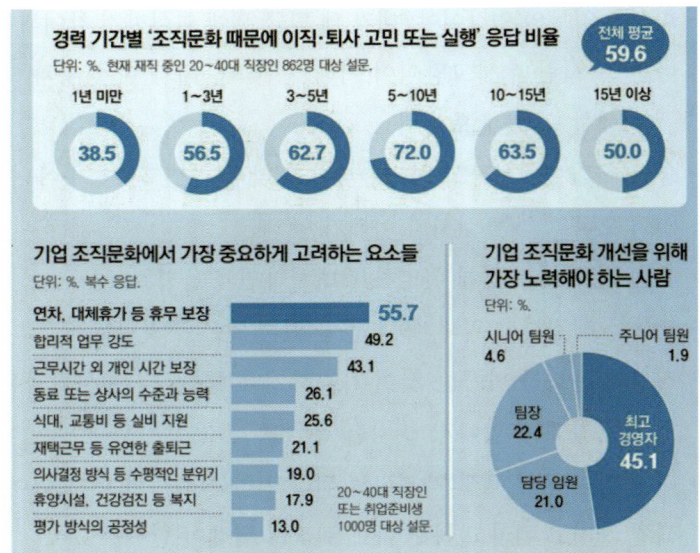

출처: https://www.donga.com/news/Economy/article/all/20221117/116515665/1

이 인포그래픽이 의미하는 것을 써 줘.

Please write what this infographic signifies.

🤖 구체화 프롬프트

- 이 내용을 종합하여 보았을 때 직장인들이 가장 중요하게 여기는 가치는 무엇일까?
- 이러한 지식을 기반으로 우리 회사의 문화에 대해서 비판적으로 들여다보면 좋겠어. 이것은 우리 회사의 규정이고, 이것은 사람들의 생각이야. (관련 내용 첨부)
- 현재 우리 회사에는 이런 문제가 있어. 이 문제를 위의 지식을 바탕으로 어떻게 해결해 나가면 좋을까?

소셜 시뮬레이션

사용한 프롬프트: An alien holding a book titled "Earth's Social Guide". It wants to learn social interaction There are people in the background socializing. Retro comic book style. (에일리언이 "지구의 사회성 기술 안내서"라는 책을 들고 사회성 기술을 배우고 싶어 한다. 뒤에는 사람들이 상호작용하고 있다. 레트로 코믹북 스타일)

기본 프롬프트

나는 사회성 기술이 좀 부족해. 이것을 연습할 수 있게 도와줘.

I lack social skills a bit. Help me practice them.

구체화 프롬프트

- 역할극으로 연습하고 싶어.

- 상황 설정을 하고 토론하는 방식으로 연습하고 싶어.
- 네가 시작해. 나에게 질문을 많이 해 줘.
- 서로 의견이 다를 때 어떻게 부드럽게 대답해야 하는지 잘 모르겠어.
- 상대방의 이야기를 경청하는 방법을 알려 줘.
- 상대방 이야기에 맞장구치는 방법을 잘 모르겠어.
- 상대방이 나를 칭찬하면 나는 너무 쑥스러워. 뭐라고 답해야 할지 모르겠어.
- 친해지기 위해서 먼저 말을 걸 때는 어떤 이야기를 하는 것이 좋아?
- 사람들은 왜 스몰 토크를 하는 거야?
- 나는 미국인들과 함께 일해. 미국인들은 농담을 많이 해. 나도 그런 농담을 하고 싶은데 어떻게 하는지 잘 모르겠어.
- 상대방과 온라인으로 대화하다가 끝낸다는 말 없이 끝내도 되는 걸까? 이럴 땐 어떻게 해야 하는지 망설여져.

 Vision 프롬프트

나는 외국계 회사를 다녀. 그래서 사진과 같은 소셜 이벤트가 종종 있어. 사람들과 무슨 이야기를 해야 할지 잘 모르겠어. 도와줄래?

I work at a foreign company, so we often have social events like the one in the picture. I'm not sure what to talk about with people. Can you help me?

구체화 프롬프트

- 나에게 먼저 말을 걸어 줘. 대화하는 연습을 해 보자.
- 이럴 때는 어떤 주제로 이야기하는 것이 좋아?
- 대화의 예시를 보고 싶어. 사람들이 할 만한 대화를 스크립트로 써 줘.
- 질문하는 방법도 알고 싶어. 어떤 질문을 하면 좋을까?

롤플레이

사용한 프롬프트: An interesting role play, retro comic style. (흥미로운 역할극, 레트로 코믹 스타일)

🤖 기본 프롬프트

나 영어 회화를 연습하고 싶어. 나랑 영어로 롤플레이(역할극) 해 줄래? 이런 상황이라고 가정하자. 네가 시작해.

I want to practice English conversation. Can you role-play with me in English? Let's assume this scenario. You can start.

🤖 구체화 프롬프트

- 나 내가 그동안 공부해 온 외국어(프랑스어, 중국어 등 구체적으로 명

시)를 연습하고 싶어. 나랑 역할극 해 줄래?
- 나 사회성이 조금 부족한 것 같아. 너랑 사회적 대화를 연습하고 싶어.
- 네가 시작해/내가 시작할게.
- 내가 (   ) 나라에서 메뉴를 보고 주문을 하는 연습을 해 보자. 너는 주문 받는 사람이고 나는 손님이야.
- 학교에서 쉬는 시간에 친구랑 자연스럽게 이야기하는 연습을 해 보고 싶어. 너는 같은 반 친구야. 나는 나 할게.
- 처음 들어간 직장에서 동료와 커피 마시러 가서 어색하지 않게 대화하고 싶어. 네가 직장 동료고 내가 나 할게.
- 나는 이럴 때 뭐라고 답을 해야 좋을지 모르겠어.

Vision 프롬프트

출처: Creative Commons(CC)

이 메뉴를 주문하는 연습을 해 보고 싶어. 너는 직원이고 나는 손님이야.

I'd like to practice ordering this menu item. You can be the waiter, and I'll be the customer.

구체화 프롬프트

- 네가 시작해.
- 나한테 질문을 많이 해 줘.
- 나는 이렇게 말하고 싶은데 어떻게 말해?
- 이 문화에서 이런 표현은 무례한 표현일까?
- 스몰 토크도 해 보고 싶어. 나에게 먼저 스몰 토크를 시작해 봐.

공감 대화 연습하기

사용한 프롬프트: Woman trying to talk to a cat, vintage comic style. (고양이와 이야기하려는 여자, 빈티지 코믹 스타일)

기본 프롬프트

나 대화할 때 공감 능력이 좀 부족한 것 같아. 공감 대화를 연습할 수 있게 도와줄래?

I feel like I lack empathy when I interact with people. Could you help me practice empathetic conversations?

🤖 구체화 프롬프트

- 네가 시작해.
- 나 이 기술(듣기, 관점 택하기, 인정하기, 질문하기, 내 경험 공유하기 등)을 더 연습하고 싶어.
- 어떤 사람이 나에게 (   )라고 했어. 이럴 때는 어떻게 답을 하는 게 좋았을까?
- 나는 자폐성 장애를 가졌어. 그래서 관점 택하기가 특히 더 어려워. 이걸 하는 방법을 자세하게 알려 줘.
- SNS상에서도 공감하는 댓글을 달고 싶어. 연습시켜 줄래?
- 이럴 때는 어떻게 반응해야 할까?
- 나는 누가 자기 스스로 화를 불러일으켰으면서도 그걸 자각하지 못하고 그 일 때문에 힘들다고 하면 공감하는 말 대신 그 사람의 잘못을 지적하곤 해. 이럴 때는 어떻게 하는 게 좋은 거야?
- 공감 대화에서 질문을 하라고 하던데, 어떤 질문을 해? 질문의 예시를 들어 줘.
- 나의 경험을 공유할 때 나는 너무 쑥스러워. 어떻게 공유하는 거야? 예시를 들어 줘.

Vision 프롬프트

이런 포스팅이 있어. 여기에는 댓글을 무엇이라고 달면 좋을까?
What would be a good comment to leave here?

 구체화 프롬프트

- 질문을 하거나 문제를 이야기하는 것이 아니라서 뭐라고 댓글을 달아야 할지 잘 모르겠어. 나는 이런 것이 어려워.
- 이 글을 쓴 사람은 어떤 의도로 글을 썼을까?
- 나는 이 글에 공감이 잘 안 돼. 다른 사람들은 어느 부분에 공감을 할까?
- 나의 학생들과 수업 시간에 이런 공감 댓글 연습을 하고 싶어. 공감 댓글 연습할 수 있는 포스팅을 몇 개만 만들어 줘.

그 사람은 왜 그랬을까

사용한 프롬프트: A detective thinking about a mystery, 19c London, retro comic book style. (19세기 런던의 탐정이 미스터리에 대해 생각하고 있다. 레트로 코믹북 스타일)

기본 프롬프트

오늘 이런 이런 일이 있었어. 이해가 잘 안 돼. 그 사람은 왜 그랬을까?
Today, something like this happened. I don't quite understand. Why did that person behave that way?

구체화 프롬프트

• 나는 그 사람이 왜 그런 말을 했는지 이해가 안 돼. 내가 이해할 수

있게 도와줘.
- 나라면 어떻게 했을까? 나는 안 그랬을 것 같은데… 그래서 이해가 안 돼.
- 나는 어떻게 대처하는 것이 현명할까?
- 이 문제가 왜 나를 괴롭히는 것일까? 내 심리를 분석해 줘.
- 내가 여기서 배워야 할 점은 무엇일까?
- 이 문제를 건설적으로 해결할 수 있는 방법은 무엇일까?
- 상대방을 공격하지 않으면서도 나의 주장을 명확하게 말하고 싶어. 그런데 어떻게 하는지 잘 모르겠어.
- 논쟁 중 감정이 조절이 잘 안 될 때 사용할 수 있는 전략을 가르쳐 줘.
- 논쟁 중 상대방이 감정 조절을 못 할 때 내가 사용할 수 있는 전략을 가르쳐 줘.

 Vision 프롬프트

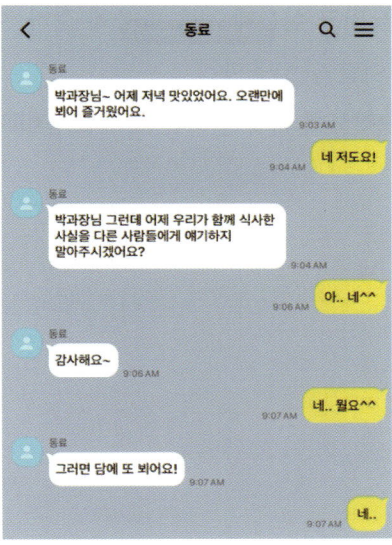

이 사람이 이렇게 얘기했어. 사실 나는 함께해서 정말 기뻤는데… 이 문자를 받고 상처를 많이 받았어. 별일 아니라고 생각하려 해도 자꾸 생각이 나네. 이 사람은 왜 이렇게 얘기했을까?

This is what this person said this to me today. I was really happy to have dinner with her. Then I received this message and it hurt me a lot. Even though I try to think it's not a big deal, I keep thinking about it. Why did this person request that I keep our casual meeting a secret?

🤖 구체화 프롬프트

- 이 사람이 이렇게 요청해야만 하는 이유가 뭘까? 꽤 친하다고 생각한 동료였는데….
- 나는 왜 기분이 나쁜 걸까? 내 심리를 분석해 줘.
- 이 사람은 나를 진정한 친구로 생각하지 않는 걸까?
- 나는 이 일을 잊고 싶은데 계속 마음에 걸려. 이 문제를 어떻게 잘 해결하고 넘어갈 수 있을까?
- 이 사람과 솔직하게 대화를 하는 것이 도움이 될까? 한다면 뭐라고 해야 해?

상냥한 이메일 작성하기

사용한 프롬프트: Hands writing an email, vintage style comic book. (이메일을 쓰는 손, 빈티지 스타일의 코믹북)

🤖 기본 프롬프트

이런 내용으로 이메일을 써야 해. 상대방이 기분 나쁘지 않게 써 줄래?
I need to write an email. Can you help me write it in a way that the recipient won't feel upset?

🤖 구체화 프롬프트

- 초대를 거절하는 내용의 이메일이야. 부드럽게 거절하고 싶어.

- 고객에게 환불에 시간이 오래 걸린다고 이메일을 보내야 해. 기분 나쁘지 않게 공손하게 그러나 분명하게 표현해 줘.
- 페이를 올려 달라고 요청하고 싶어. 어떻게 서로 기분 좋게 이야기할 수 있을까? 이메일을 먼저 보낸 후 만나려고.
- 학부모/고객/학생에게 상담 신청하라고 알려 주는 공지를 보내려고 해. 그런데 불필요한 상담 신청을 하지는 않았으면 좋겠거든. 어떻게 쓰는 것이 좋을까?
- 어제 만난 사람이 또 만나자고 하는데 나는 거절하고 싶어. 문자로 뭐라고 답을 해야 할까? 그 사람의 자존감을 건드리지 않고 싶어.
- 배우자와 싸웠어. 사과하는 이메일을 보내려고 하는데, 내가 쓴 거 한번 봐 줄 수 있어? 여기서 어떤 내용을 고치면 좋을까?

 Vision 프롬프트

> ○○○ 팀장님 안녕하세요.
> 지난주 미팅에서 나눈 이야기와 관련하여 저희 부서에서는 지원할 수 없다고 결정하였습니다. 부서의 요구가 너무 과하다고 판단하였습니다. 저희는 프로젝트를 이제 막 확장하는 단계이므로 해당 개발 프로젝트에 지원할 인력이 없습니다.
> 죄송합니다.

내가 쓴 이메일을 한번 봐 줄래? 상황은 이러이러해. 그래서 우리는 거절을 하기로 결정하였는데 이 이메일을 받고 상대방이 기분 나빠하지 않도록 좀 부드럽게 고쳐 줄래?

Can you take a look at this email? The situation is like this (explain situation). We have decided to refuse to support their project. Can you revise this email so it does not upset the recipient?

 **구체화 프롬프트**

- 나는 내용을 분명하면서도 부드럽게 전달하고 싶어.
- 하지만 향후 관계에 영향이 미치지 않았으면 좋겠어. 미래에는 협력할 수 있다는 내용을 쓰면 어떨까?
- 이 이메일이 건방지거나 공격적으로 들리지 않았으면 좋겠어.

 실제 활용 사례

저는 자폐성 장애가 있는 직장인이에요.

혹시 저처럼 다른 사람들도 어려운 업무를 위해 챗GPT를 사용하신 적이 있나요?

예전에는 이메일을 쓸 때 상대방에게 오해의 소지가 없도록 쓰기 위해 며칠 동안 단어 선택에 대해 고민하고, 보내지 않은 적도 많이 있었어요. 또한 온라인 카페에서도 저는 제 생각에 명확한 표현의 글을 쓰는데, 대부분의 사람들이 제 글을 제 의도와 완전히 다른 방식으로 읽곤 해요. 그래서 챗GPT를 사용하여 모호성을 제거하도록 작성하게 시켜 보았는데 정말 대단한 일이 일어났습니다.

예시 질문: 저는 경도의 자폐성 장애를 가지고 있고, 이메일 작성에 어려움을 겪을 때가 많아요. 제 상사에게 다음의 내용을 오해 없이, 기분 안 나쁘게 설명하는 이메일을 작성하는 데 도움을 주세요(자폐를 강조하지 않고).

- 저는 생산성이 높으므로 급여 인상을 받을 자격이 있다고 생각합니다.
- 사무실에서 다른 사람들이 원하는 만큼 사회적인 교류에 참여할 수 없습니다. 그러다 보니 제 성과가 인정받지 못할 때가 많아요. 이것을 알아주셨으면 합니다.

위의 내용으로 이메일 작성을 부탁하였더니 너무나도 훌륭하게 이메일을 써 줬어요. 직장에서 일하는 데에 스트레스가 훨씬 적어졌어요. 인공지능은 제 삶을 바꾸어 놓았어요.

Reddit 유저 u / 14*****te

밈 이해하기

사용한 프롬프트: A meme museum, robots explaining to people, vintage comic book style. (밈 박물관, 로봇이 사람들에게 설명하고 있다, 빈티지 코믹북 스타일)

🤖 기본 프롬프트

이 밈이 이해가 안 돼. 설명해 줘.

I don't understand this meme. Can you explain it to me?

🤖 구체화 프롬프트

- 이 밈이 왜 웃긴 거야?
- 여기에 내가 모르는 문화적 배경이 있어?

- 여기서 이 단어는 무슨 뜻이야?
- 여기에서 중의적인 단어나 문장이 있어?
- 사람들은 왜 이게 웃기다고 생각해?
- 유머의 어떤 요소가 들어 있는 거야?

 Vision 프롬프트

이 영화의 원래 장면은 이렇다.

스푸너 형사: 로봇은 두려움을 못 느끼지. 로봇은 아무것도 못 느껴. 먹지도 않고 자지도 않아.

써니: 나는 느껴요. 나는 꿈까지 꾸는 걸요.

스푸너 형사: 인간은 꿈을 꿔. 심지어 개들도 꿈을 꿔. 하지만 넌 아니야. 너는 그냥 기계일 뿐이야. 생명을 모방했을 뿐이야. 로봇이 심포니를 쓸 수 있을까? 로봇이 흰 캔버스를 명작으로 바꿀 수 있을까?

써니: 당신은요?

왜 첫 번째 밈은 웃긴데 두 번째 것은 안 웃긴 거야?
Why is the first meme funny but the second one isn't?

 구체화 프롬프트

- 두 번째 대사는 어떤 맥락에서 나온 거야?
- 원본 소설에도 저런 대사가 있어? 소설에서는 어떤 맥락에서 나온 말이야?

- 첫 번째 것과 비슷한 밈을 만든다면 어떤 말을 넣으면 좋을까? 직업에 따라 여러 가지를 만들 수 있을 것 같은데.
- 두 번째 대사에서 얘기하고자 하는 것은 무엇이야? 인간과 기계의 어떤 면에 대해서 이야기하고자 하는 걸까?

챗GPT 답변 예시

 왜 첫번째 밈은 웃긴데 두번째 밈은 안 웃긴걸까?

 첫 번째 밈은 프로그래머들과 코딩 커뮤니티의 일상적인 경험에 관한 유머를 담고 있어서 많은 사람들이 공감하고 웃을 수 있습니다. 이 밈은 일반적인 코딩 습관에 대한 직접적이고 경쾌한 관점을 제공합니다.

두 번째 밈은 영화 대사를 인용하고 있으며, 이 대사는 영화의 본래 문맥과 철학적인 의미를 가지고 있습니다. 이것은 웃음을 유발하기보다는 인간의 본질과 인공 지능의 본질에 대한 심각한 고찰을 담고 있기 때문에 유머적이지 않습니다. 두 번째 밈은 엔터테인먼트나 코미디의 목적이 아니라 철학적인 의문을 제기하려는 목적을 가지고 있기 때문에 웃음을 유발하지 않을 수 있습니다.

영어 회화 연습하기

사용한 프롬프트: A person chatting with ChatGPT, but ChatGPT has suddenly turned into Shakespeare, a cowboy, and a teenager all at once in speech bubbles. (사람이 챗GPT와 대화하는데, 챗GPT가 말풍선 속에서 동시에 셰익스피어, 카우보이, 10대 청소년으로 변한다.)

기본 프롬프트

영어 회화 연습을 도와줘.

Help me practice English conversation.

구체화 프롬프트

- 일상 인사와 간단한 자기소개 대화를 시뮬레이션해 줘.

- 카페에서 주문할 때 쓰는 문장과 대화를 연습하게 질문해 줘.
- 해외 여행 중 호텔 체크인 상황을 가정한 대화 예시를 보여 줘.
- 직장에서 동료에게 프로젝트 진행 상황을 보고하는 표현을 연습시켜 줘.
- 전화 통화로 약속을 잡는 상황을 연습할 수 있게 질문과 답변을 제시해 줘.
- 친구에게 주말 계획을 묻고 답하는 자유로운 대화를 만들어 줘.
- 이메일 대신 짧은 메신저 대화를 통해 업무 요청을 연습할 수 있게 도와줘.

 Vision 프롬프트

패들 보드를 렌트할 때 해야 하는 영어 대화를 연습하는 것을 도와줘.
Help me practice English conversation when I want to rent a paddle boat.

구체화 프롬프트

- 얼마인지, 몇 분 타는 것인지 묻고 싶어.
- 카드와 현금 중 어떤 방식으로 결제해야 하는지 궁금해.
- 호텔 방으로 달아 두어도 되는지 물어볼 땐 뭐라고 해야 해?
- 직원이 된 것처럼 나와 대화해 줘. 나에게 질문해 줘.

챗GPT 200% 활용하기

내가 원하는 이미지를 쉽게 만드는 방법

1. 내가 원하는 이미지와 가장 비슷한 이미지를 온라인에서 찾아서 저장한다.
2. 챗GPT에 그 이미지를 올려 주고 이것과 비슷한 이미지를 생성하기 위한 프롬프트를 써 달라고 한다. 미드저니를 사용하고 있다면 '미드저니용 프롬프트'를 써 달라고 한다.
3. 챗GPT가 써 준 프롬프트를 그대로 '복사+붙여넣기'해서 이미지를 새로 생성한다. 이를 저장하여 사용한다.

하고 싶지만 엄두가 안 났던 일 시작하기

사용한 프롬프트: A girl riding on a broom stick, excited about her first trial. Her hair is blown gracefully. Vintage comic book style. (소녀가 빗자루를 타고 있다. 처음으로 탄 것이라 신나 보인다. 머리카락은 우아하게 날리고 있다. 빈티지 코믹북 스타일)

🤖 기본 프롬프트

엄두가 안 났던 일이 있는데 해 보고 싶어. 시작하게 도와줘.

There was something I didn't have the courage to do, but I want to give it a try now. Can you help me get started?

구체화 프롬프트

- 나는 (   )를 이루고 싶어/나의 목표는 (   )야.
- 나는 이러이러한 어려움이 있어.
- 내 상황은 현재 이러이러해.
- 현실적으로 실천할 수 있는 계획을 세워 줘.
- 매일 (   )분(혹은 시간) 정도의 분량으로 단계를 나누어 줘.
- (   )일(예: 30일) 안에 성취할 수 있도록 계획을 세워 줘.
- 내가 가진 기술(혹은 도구)은 (   ), (   ), (   )야.
- 나는 초보야/나는 전문가야.
- 나는 의지가 약해/나는 집중력이 약해/나는 체력이 약해. 내 특성을 고려해서 계획해 줘.
- 매일 이것을 실천할 수 있도록 동기부여가 되는 말도 같이 해 줘.
- 나는 시작이 어려워. 시작 단계를 잘 해낼 수 있도록 도와줘.

Vision 프롬프트

출처: Creative Commons(CC)

나는 이런 책을 쓰고 싶어. 어떤 단계로 이루어 나가야 할까?
I want to write a children's book like these. What steps should I take to make it happen?

 구체화 프롬프트

- 나는 이런 사람이 되고 싶어. 그러려면 어떤 단계로 해 나가야 할까?
- 이런 사람은/이런 일은 어떤 능력을 요할까?
- 나의 장점과 약점은 이러이러한 거야. 나의 장점과 약점을 고려해서 계획을 세워 줘.
- 이러한 일을 하기 위해 내가 갖추어야 할 배경 지식/기술은 무엇일까?

실제 활용 사례

저는 ADHD를 가진 사람입니다. 늘 하고 싶었던 것이 있었어요. 바로 작곡이죠. 옛날에 좀 했었는데 쉬었다가 다시 하려니 엄두가 나지 않았어요. 무엇을 어디에서부터 시작해야 할지 생각하면 이 모든 것이 너무 어렵게만 느껴지고 체계적으로 계획 세우는 것이 어렵게만 느껴졌어요. 그래서 회피하기만 했어요. 그런데 챗GPT의 도움을 받아 저는 저는 최근 다시 작곡을 시작할 수 있었습니다.

저의 ADHD 때문에 저는 실행 가능한 계획을 세우고 집중하는 것이 어려웠어요. 그래서 챗GPT에게 나의 상황을 설명하고 계획 세우기를 도와 달라고 했어요. 나의 어려움을 설명하고 현실적인 계획을 세워 달라고 했더니 챗GPT는 제가 할 수 있는 단계로 계획을 세워 주었어요. 그리고 이런 프롬프트도 도움이 되었어요.

"나는 (   )을 성취하고 싶어. 그런데 나는 지금 이런 이런 어려움을 겪고 있어. 내가 현재 가진 기술 수준과 지식은 (   ) 정도야. 내가 이런 이런 목표를 이루려면 어떻게 해야 할까?"

챗GPT는 제 생각을 정리할 수 있도록 도와줘요.

러셀 바클리 박사는 ADHD에 관한 강연에서 보조 기구에 대해 이야기를 한 적이 있어요. 누군가가 팔이나 다리에 장애가 있어서 사용할 수 없을 때 기술로 그 기능을 대체할 수 있잖아요. 걸을 수 없으면 휠체어를 탈 수 있는 것이고, 발목을 삐었다면 목발을 짚을 수 있는 것이잖아요. 챗GPT는 시작이 어렵게 느껴지는 저 같은 사람에게 시작 단계의 어려움을 뛰어넘기 위한 훌륭한 보조 도구가 될 수 있어요.

Reddit 유저 u/Mc*****dy

동기부여가 필요해

사용한 프롬프트: A superhero is sleeping on the couch. He is sluggish, worn down, and tired. Vintage comic style. (슈퍼히어로가 소파에서 자고 있다. 느리고 지치고 피곤하다. 빈티지 코믹 스타일)

기본 프롬프트

동기부여를 위한 멋진 문구를 만들어 줘.

Please create an inspiring phrase for motivation.

구체화 프롬프트

- 나의 목표는 시험에 합격하는 거야. 이 목표를 이루기 위한 동기부여가 필요해.

(특정 주제: 예를 들면 노력)에 대한 동기부여 글귀를 만들어 줘.
- 이런 키워드를 넣어 줘. (키워드 삽입: 예를 들면 정직, 열정, 인내 등)
- (특정 대상: 예를 들면 청소년, 대학생, 노인 등)을 위해 만들어 줘.
- 간결하게 만들어 줘.
- (유명 인사)의 화법으로 만들어 줘.
- (유명 철학자)의 철학을 반영해서 만들어 줘.
- 나의 약점은 이러이러해. 나의 약점을 고려해서 동기부여 문구를 만들어 줘.

 Vision 프롬프트

이 그림에 어울리는 동기부여 문구를 만들어 줘.
Please create a motivational phrase that suits this picture.

구체화 프롬프트

- 유머를 넣어 줘.
- 사람들의 마음을 따뜻하게 해 주는 글귀를 만들어 줘.
- 스트레스와 관련된 간결한 문구를 만들어 줘.
- 자연과 관련된 내용을 넣어 줘.

챗GPT 답변 예시

> 나는 지난 몇 달 동안 너무 무력하게 살아왔어. 그런데 오늘부터는 힘을 내서 열심히 살아보려고 해. 1주일 동안 나에게 동기부여가 될 만한 문구 7개 만들어줄래?

물론이죠, 여기 당신의 1주일을 동기부여로 가득 채울 수 있는 문구들을 준비했습니다:

1. **월요일**: "새로운 시작은 언제나 가능하다. 오늘은 당신의 삶을 바꿀 수 있는 첫 번째 날이다."
2. **화요일**: "작은 한 걸음이 큰 변화로 이어진다. 오늘 당신이 하는 모든 작은 노력이 내일의 성공을 만든다."
3. **수요일**: "오늘의 도전은 내일의 강점이 된다. 오늘 겪는 어려움이 당신을 더 강하게 만들 것이다."
4. **목요일**: "목표를 향해 나아가는 것을 멈추지 마라. 당신이 얼마나 멀리 왔는지를 되돌아보면, 얼마나 멀리 갈 수 있는지를 알게 될 것이다."
5. **금요일**: "성공은 최고의 복수다. 당신이 할 수 있다는 것을 스스로에게, 그리고 세상에 증명해 보여라."
6. **토요일**: "휴식도 진전의 일부다. 오늘 당신이 쉬어가는 시간은 내일 더 멀리 나아갈 힘을 줄 것이다."
7. **일요일**: "한 주를 돌아보며 자신에게 감사하라. 당신은 이미 시작했고, 그것만으로도 충분히 대단하다."

이 문구들이 당신의 일주일을 긍정적인 에너지로 가득 채우는 데 도움이 되기를 바랍니다. 매일매일을 소중히 여기고, 자신에게 응원을 보내세요!

미니 습관 만들기

사용한 프롬프트: A woman is juggling miniature items: a tiny book , a small kid, a mini shoe, and a little computer. Her face is smiling but is feeling hectic. Vintage comic style. (여자가 미니어처 아이템들을 저글링하고 있다: 작은 책, 작은 아이, 미니 신발, 작은 컴퓨터. 얼굴은 웃고 있지만 실은 정신없다. 빈티지 코믹 스타일)

기본 프롬프트

나의 목표는 동화 작가가 되는 거야. 이것을 성취할 수 있게 미니 습관(Mini Habits) 만들기를 도와줘.

My goal is to become a children's book author. Help me create Mini Habits to achieve this.

🐷 구체화 프롬프트

- 나는 이 목표를 9개월 안에 성취하고 싶어.
- 나의 라이프 스타일은 이러이러해. 나의 라이프 스타일에 맞는 미니 습관 계획을 세워 줘.
- 내가 제일 어려워하는 것이 시작하는 거야. 시작을 더 쉽게 만들어 줘.
- 내가 왜 이 일을 회피할까? 나의 심리에 대해서 분석을 해 줘. 그것을 바탕으로 계획을 세워 줘.
- 나는 불안도가 높아. 불안 때문에 일을 시작을 못 하고 자꾸 미루는 것 같아. 나의 불안을 낮출 수 있는 전략을 알려 줘.
- 미니 습관 전략을 내 비즈니스에 적용하고 싶어. 우리 회사는 이런 이런 목표를 가지고 있어. 어떻게 미니 습관 전략을 활용해서 목표를 성취할 수 있을까?
- 나는 11개월 이내 논문을 써서 졸업해야 해. 그런데 동기부여가 안 돼. 미니 습관 전략을 쓰고 싶어.
- 일관적이고 지속적으로 노력하고 싶은데 잘 안 돼. 어떻게 하면 좋을까?
- 자꾸 변명을 하게 돼. 예를 들면, 공부를 해야 하는데 배고프다는 변명을 하게 돼. 나의 심리 분석을 해 줘.

🤖 Vision 프롬프트

> ① 주제어 1, 2로 논문검색하기
> ② 주제어 3, 4로 논문검색하기
> ③ 찾은 논문 프린트하기
> ④ 논문 1개만 읽기
> ⑤ 논문 또 1개 읽기
> ⑥ 목차쓰기
> ⑦ 제목쓰기
> ⑧ 연구의 필요성 논리세우기
> ⑨ 검사도구 알아보기

내가 해야 할 일은 이거야. 이것을 미니 습관 만들기 전략을 써서 하려고 해. 성공할 수 있도록 조언을 해 줘.

This is what I need to do, and I want to tackle it by building Mini Habits. Please give me advice on how to succeed.

🤖 구체화 프롬프트

- 우선순위를 정하는 기준이 뭐야? 나에게 맞는 방식은 뭘까?
- 미니 습관 만들기를 글쓰기에 적용하고 싶어. 어떻게 하면 더 잘할 수 있을까?
- 미니 습관 만들기가 아직 어려워. 내가 무엇을 잘못하고 있는 걸까?
- 미니 습관 만들기를 청소에도 적용하고 싶어. 도와줄래?
- 미니 습관 만들기를 학생들에게도 가르치고 싶어. 좋은 방법이 있을까?

더 알아보기

스티븐 가이즈(Stephen Guise)의 『Mini Habits(미니 습관)』라는 책에 의하면 우리 행위의 45%는 오토파일럿으로 돌아간다. 즉, 습관화시켜서 시스템으로 만들어 놓는 것이 동기부여를 하는 것보다 쉽다는 뜻이다. 우리가 어떤 계획된 행동을 하려 할 때 그것을 시작하기 가장 어려운 이유가 심리적 부담 때문이라고 그는 주장한다. 따라서 그 행동을 시작하려는 심리적 부담을 최소화 할 수 있도록 눈감고도 할 수 있을 만큼, 거의 노력을 들이지 않아도 될 만큼 작은 것에서 시작하라고 한다. 이것은 다이어트 전략이나 아토믹 습관 만들기에서 언급되는 '시스템 만들기' 혹은 '라이프 스타일 바꾸기'와 같은 의미이다. 다만, 미니 습관 전략에서는 그 습관 만들기조차도 아주 쉬운 것에서 시작하라는 점이 강조된다. 대단한 의지력이나 동기부여가 없어도 할 수 있는 일들부터 시작하라는 것이다. 미니 습관 만들기는 결국 시간 관리 전략이다. 미니 습관은 모든 자투리 시간을 의미 있게 쓰게 만든다. 미니 습관 만들기 책을 읽지 않았더라도 챗GPT의 도움을 받아 미니 습관을 만들어 보자.

오늘과 다른 내일 살기

사용한 프롬프트: A man is standing towards the sea. Ships, all designed in a traditional style, set sail in one direction. Looking forward for adventure. Vintage comic book style. (어떤 남자가 바다를 향해 서 있다. 옛날 스타일의 배들이 출항하고 있다. 어드벤처를 꿈꾼다. 빈티지 코믹북 스타일)

기본 프롬프트

나는 장기 목표를 향해 매일매일 노력을 하고 싶어. 그런데 어디서부터 시작해야 좋을지 모르겠어. 나를 도와줄래?

I want to make daily efforts towards a long-term goal, but I'm not sure where to start. Can you help me?

🤖 구체화 프롬프트

- 시간이 지나면서 장기 목표나 동기를 잊을 수도 있잖아. 그것을 기억할 수 있는 전략을 추천해 줘.
- 이것을 어떻게 습관화할까?
- 진전도를 어떻게 기록하면 좋을까?
- 나는 매일 장기 목표를 위해 (   ), (   ), (   )을 하려고 해. 그런데 매일 그것을 어떻게 꾸준히 할 수 있을까?
- 내 장기 목표는 (   )야. 이 장기 목표 성취를 위해 필요한 단기와 중기 목표는 무엇일까?
- 나는 퇴직 후 무엇을 할지 잘 모르겠어. 100세 시대라는데⋯ 퇴직 후 그 긴 시간을 어떻게 살아야 할지 모르겠어. 퇴직 후 무엇을 할지도 장기 목표가 되겠지? 그것을 어떻게 준비할 수 있을까?
- 퇴직 후의 삶을 위해 내가 지금 할 수 있는 것은 무엇일까?
- 매일을 다르게 사는 방법을 잘 모르겠어. 가르쳐 줄래?
- 나의 가장 큰 문제는 동기부여야. 동기를 매일 어떻게 상기시킬까?

Vision 프롬프트

이 그림에 어울리는 우리 팀을 위한 동기부여 문구를 만들어 줘.
Please create a motivational phrase for our team that suits this picture.

 구체화 프롬프트

- 내가 앞서 설명한 나의 인생 목표를 반영해서 만들어 줘.
- 매일의 노력이나 습관이 중요하다는 뉘앙스가 들어가면 좋겠어.
- 나의 인생 목표를 STEP 3라고 치면, 각 단계에는 어떤 내용이 들어가면 좋을까?

나에게 맞는 시간 관리법 찾기

사용한 프롬프트: Godess of times who manages time well. there are books and children around her. vintage comic style. (시간을 잘 관리하는 여신. 책과 어린이들이 주변에 있다. 빈티지 코믹 스타일)

기본 프롬프트

시간 관리에 도움이 필요해. 나에게 가장 맞는 시간 관리 방법은 무엇일까?

I need help with time management. What's the best time management method that suits me?

🤖 구체화 프롬프트

- 시간 관리 전략에는 어떤 것들이 있어?
- 그중 아이젠하워 방법, 포모도로 테크닉, 2분 법칙, 미니 습관 만들기에 대해서 더 설명해 줘.
- 나의 일주일 스케줄은 이렇고, 나의 라이프 스타일은 이러해. 나에게 맞는 시간 관리 전략은 무엇일까?
- 나는 어린아이가 있어. 아이와 함께 있는 시간에 사용할 수 있는 전략은 무엇일까?
- 우선순위 지키는 것을 도와줘. 나에게 중요한 것은 이것인데 항상 급한 일들이 있어서 중요한 일을 못 해. 내가 우선순위를 지키려면 어떤 전략이 필요할까?
- 내 성격은 불안도가 높고 일이 안 되어 있으면 잠을 못 자. 그래서 워커홀릭이 되는 문제가 있어. 조금 더 여유를 가지려면 어떻게 하면 좋을까?
- 이번 주 내가 해야 할 일 목록이야. 이 중 어떤 것들은 생각을 오래 해야 해. 이럴 때는 어떤 전략이 좋을까?
- 내가 스스로 시간 관리를 잘하기 위해 필요한 기술은 무엇일까?

🤖 Vision 프롬프트

이건 내 업무 공간 사진이야. 포모도로 기법을 위해 내 책상을 어떻게 정리하면 좋을지 조언해 줘.

This is a photo of my workspace. Can you advise me on how to organize my desk for the Pomodoro technique?

🤖 구체화 프롬프트

- 타이머는 어떤 타이머를 쓰는 것이 좋아? 어느 위치에 두면 좋을까?
- 조명은 어떻게 하는 것이 좋을까?
- 보상 시스템은 어떤 것이 좋을까?
- 해야 할 일 목록은 얼마나 자세하게 쓰는 것이 좋을까?
- 포모도로에서 내가 주의할 점은 무엇일까?

매일 아침 나를 동기부여 해 줄 문구

사용한 프롬프트: A person is melting on the branch of a bare tree, clocks are melting like Salvador Dali's surrealism painting style, lack of motivation, time has stopped, vintage comic book style. (어떤 사람이 마른 나뭇가지에서 녹아 가고 있고 시계들도 살바도르 달리의 초현실주의 그림과 같이 녹고 있다. 동기가 낮고 시간이 멈췄다. 빈티지 코믹북 스타일)

기본 프롬프트

아침마다 나에게 동기부여를 해 줄 수 있는 문구를 만들어 줘.

Please create motivational phrases for me that I can use every morning.

🤖 구체화 프롬프트

- 내가 추구하는 것은 이런 이런 것들이야. 나는 이런 것들을 중요하게 생각해.
- 내가 이루고 싶은 것은 (   ), (   ), (   )이야. 이것을 토대로 만들어 줘.
- 나의 장단기 목표를 리마인드 하는 내용도 포함해 줘.
- 새로운 것을 배우도록 자극하는 내용도 포함해 줘.
- 이번 달은 1일 1챌린지 방식으로 하고 싶어. 이번 달이 끝났을 때 나의 단기 목표에 달성할 수 있도록 챌린지를 짜 줘.
- 너는 매일 나에게 동기부여 문자를 보내 주는 좋은 친구야. 하루 하나, 일주일 치 문자를 써 줘.
- (   ) 분야에 있어서의 동기부여 문구를 써 줘.
- 힘찬/즐거운/유머러스한/성찰적인 스타일로 써 줘.
- 내가 실제로 실행할 수 있는 내용도 포함해 줘.

🤖 Vision 프롬프트

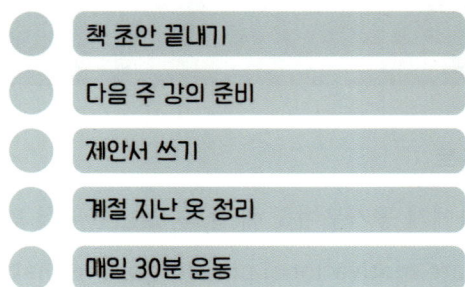

이것은 이번 주 내가 해야 할 일 목록이야. 이것을 바탕으로 일주일 동안 내가 힘을 얻을 수 있는 동기부여 문구 하나만 써 줘.

This is my to-do list for this week. Based on this, please provide me with one motivational phrase for the week to keep me motivated.

구체화 프롬프트

- 습관과 관련된 동기부여 문구를 써 줘.
- 이 문구와 잘 어울릴 그림을 생성하려고 해. 그림 생성 프롬프트를 제안해 줘.
- 워라밸을 위한 동기부여 문구도 하나 써 줘.

챗GPT 답변 예시

 습관의 중요성을 역사적 예를 들어 설명해 줘.

 습관의 중요성은 역사적 인물들의 삶과 성취를 통해 잘 드러납니다. 여기 몇 가지 예시를 들어보겠습니다:

1. **벤자민 프랭클린**: 벤자민 프랭클린은 자기계발과 생산성에 대한 그의 접근 방식으로 유명합니다. 그는 매일 아침 일어나 "오늘 나는 무엇을 좋은 일을 할 것인가?"라고 자문하며 하루를 시작했습니다. 그는 자신의 습관을 개선하기 위해 13가지 덕목을 개발하고, 매주 한 가지씩 집중하여 개선하는 시스템을 만들었습니다. 이러한 습관은 그가 미국의 건국 아버지 중 한 명이 되는 데 도움을 주었습니다.
2. **모차르트**: 볼프강 아마데우스 모차르트는 역사상 가장 위대한 음악가 중 한 명으로, 그의 창작 습관은 그의 성공에 큰 역할을 했습니다. 그는 매일 아침 일찍 일어나 작곡을 시작했고, 이러한 규칙적인 습관은 그가 수백 개의 작품을 남길 수 있게 했습니다.
3. **마하트마 간디**: 간디는 일상적인 습관을 통해 자기 훈련과 자기 통제를 실천했습니다. 그는 단순한 생활, 정기적인 금식, 명상과 같은 습관을 통해 자신의 신념을 강화했고, 이는 인도의 독립 운동에 큰 영향을 미쳤습니다.
4. **윈스턴 처칠**: 영국의 전 총리 윈스턴 처칠은 그의 일과 습관으로 유명했습니다. 그는 매일 정해진 시간에 일어나고, 신문을 읽고, 작업을 하는 등의 일정을 철저히 지켰습니다. 이러한 습관은 그가 제2차 세계 대전 중 영국을 이끌고 승리로 이끄는 데 중요한 역할을 했습니다.
5. **스티브 잡스**: 현대의 예로, 애플의 공동 창업자 스티브 잡스는 매일 아침 거울 앞에 서서 자신에게 "오늘 내가 죽는다면, 나는 오늘 할 일을 하고 싶을까?"라고 물었습니다. 이 습관은 그가 중요한 것에 집중하고, 혁신적인 제품을 만드는 데 도움을 줬습니다.

이러한 예시들은 습관이 어떻게 개인의 성공과 역사적 변화를 이끌 수 있는지 보여줍니다. 일관된 습관은 목표 달성, 생산성 향상, 그리고 자기 통제에 필수적인 역할을 합니다.

자기 성찰하기

사용한 프롬프트: A man lost himself so he is searching for himself, vintage comic book style. (자기 자신을 잃은 남자가 자신을 찾고 있다. 빈티지 코믹북 스타일)

기본 프롬프트

나는 왜 거절을 하지 못할까?
Why can't I say no?

구체화 프롬프트

- 나는 거절을 잘 못 해. 예를 들면, 이런 이런 상황에서도 거절을 하지 않아.

- 나는 왜 거절을 잘 못하는 걸까? 한 번도 누구에게 "NO."라고 말을 해 본 적이 없는 것 같아.
- 그러다 보니 모든 일들이 나에게로 집중돼. 사람들은 내 책상 위에 내가 할 일을 던져 놓고 가지. 어떤 사람들은 묻지도 않고 그냥 "하라."고 통보만 해.
- 나는 거절을 하면 불편해지는 그 분위기가 싫어. 갈등을 피하고 싶어. 그래서 거절을 못 하는 걸까?
- 이걸 심리학 이론으로 어떻게 설명할 수 있어?
- 애착이론과 이게 무슨 관계야?
- 바운더리가 분명치 않아서 그런 걸까? 바운더리를 어떻게 정해?
- 어떻게 하면 나는 거절을 더 잘할 수 있을까?
- 불편한 상황을 두려워하지 않으려면 나는 생각을 어떻게 바꿔야 할까?

Vision 프롬프트

나는 팀장님이 자꾸 주말과 저녁 때 개인적인 일을 시켜서 짜증이 나. 그런데 거절하면 관계가 불편해질까 봐 거절을 못 하겠어. 어떻게 거절을 하는 것이 좋을까?

I get annoyed because my boss keeps asking me to do work for his family on weekends and evenings. However, I'm afraid that saying "No" might make our relationship uncomfortable. How can I politely refuse?

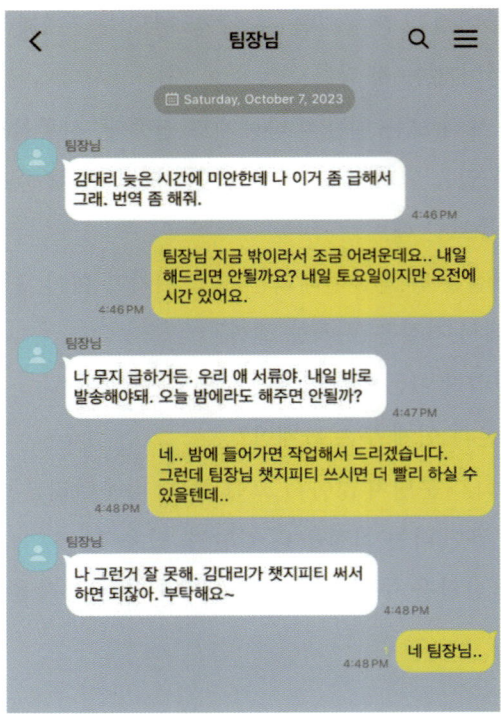

🤖 구체화 프롬프트

- 불편한 관계가 되면 회사를 나와야 하나? 그때는 어떻게 대처해야 할까?
- 다른 사람들은 거절을 잘하는데 나만 잘 못해. 나는 왜 거절을 잘 못할까? 나의 심리를 분석해 줘.
- 내가 거절을 더 잘하는 사람이 되려면 나의 생각을 어떻게 바꿀 필요가 있을까?
- 나는 불편한 관계 외에도 어떤 두려움이 있는 걸까?
- 이런 문제는 어느 회사를 가더라도 계속 있을 텐데 어떻게 거절을 훈련할 수 있을까?

단기 목표 이루는 방법

사용한 프롬프트: Running for goal, coach is directing the runner, retro comic book style. (골을 향해 달려간다, 코치는 달려가는 사람에게 지시를 내린다. 레트로 코믹 북 스타일)

기본 프롬프트

지금 내 목표는 책을 내는 것이야. 이것을 성취할 수 있게 도와줘.
My current goal is to publish a book. Help me achieve this.

구체화 프롬프트

- 나는 이런 이런 목표를 이 기간 안에 성취하고 싶어. 지금 내 상태

에서 성취로 가는 방법을 조언해 줄래?
- 나는 자꾸 미루는 경향이 있어. 왜 그런 걸까? 내가 왜 그러는지 내 심리를 분석할 수 있도록 나에게 질문을 해 줘. 너는 지금부터 상담사야.
- 일을 미루지 않기 위해서 어떤 사고 전략을 쓰면 좋을까?
- 일을 하려고 하면 갑자기 너무 피곤하게 느껴져. 그리고 에너지가 없는 것 같기도 해. 이럴 땐 어떻게 하면 좋을까?
- 나는 이 목표를 이 기간 동안 이렇게 성취할 계획이야. 내 계획이 현실적인지 너의 의견을 한번 들어 보고 싶어.
- 내가 좋아하는 것과 연관시켜서 하면 일이 더 즐거워진다는데, 좋은 아이디어 있어?
- 내가 이 일을 성취할 수 있도록 매일 나 자신을 움직이게 만들 시스템이 필요해. 아침에 일어나서 뭘 하고, 매일 무엇을 하고, 저녁 루틴은 어떻게 하고 등등. 내가 나를 위한 시스템을 만드는 것을 도와줘.

 Vision 프롬프트

나 1개월 동안 이 책을 다 읽을 계획이야. 계획 세우는 것을 도와줘.
I plan to read these books within one month. Help me create a plan.

🤖 구체화 프롬프트

- 각 책은 250페이지쯤 돼. 하루 몇 페이지 정도 읽으면 될까?
- 이 책들을 읽으면서 내용을 정리할 수 있는 가장 간편한 방법은 뭘까?
- 이 책을 읽고 어떤 방법으로 공유하면 좋을까?

장기 목표 이루는 방법

사용한 프롬프트: A man running towards life goal, vintage comic style. (인생 목표를 향해 달려가는 남자, 빈티지 코믹 스타일)

기본 프롬프트

나는 언젠가 세계 일주를 하고 싶어. 이것을 장기 목표로 보았을 때 이를 성취하기 위한 단기, 중기 목표는 무엇으로 놓아야 할까?

My life goal is to travel around the world. What short-term and medium-term goals should I set to achieve this?

🤖 구체화 프롬프트

- 내 나이는 29세이고 현재 내 직업은 스타트업 개발자야. 나는 10년 안에 세계 일주를 하고 싶어.
  (예: 세계 여행하기, 아프리카 사파리 가기, 돈 모으기, 이직하기, 창업하기, 내 집 마련하기 등)
- 장기 목표를 성취하기 위해서 1년 단기 목표와 3년 중기 목표를 이렇게 정해 보았어.
- 이것이 현실적인 목표일까?
- 내가 더 고려해야 할 것이 무엇일까?
- 이것을 성취하기 위해 내가 해야 하는 모든 일의 과제 목록을 만들어 줘.
- 이 과제 목록을 단기, 중기, 장기로 묶어 줘.
- 이 목표를 성취하기 위해 나에게 필요한 역량이나 기술은 무엇일까?
- 이것을 성취하기 위해 무엇을 배워야 할까?
- 장기 목표를 향해 가는 동안 내가 그것을 잊지 않기 위해 나 자신을 어떻게 매일 리마인드시키면 좋을까?
- 예상되는 어려움은 뭘까?
- 좌절될 때 나 자신에게 무엇이라고 말해 주면 좋을까?

Vision 프롬프트

출처: https://www.globalfieldtrip.com/travel-route/

나 10년 안에 이 루트대로 여행을 하고 싶어. 이것을 성취하기 위한 중·단기 목표 세우는 것을 도와줘.
I want to travel this route within the next 10 years. Help me set short-term and medium-term goals to achieve this.

구체화 프롬프트

- 필요한 경비와 시간은 어느 정도가 될까? 각 지역에서 적어도 1주일은 머물고 싶어.
- 이 루트는 다른 사람이 추천한 루트야. 나는 자연에 관심이 많은데 자연을 좀 더 많이 즐길 수 있는 곳들을 두세 군데만 더 포함해 줄래?
- 이 중에서 혼자 여행하기에 안전하지 않은 곳은 빼 줘.

커리어 로드맵 설계하기

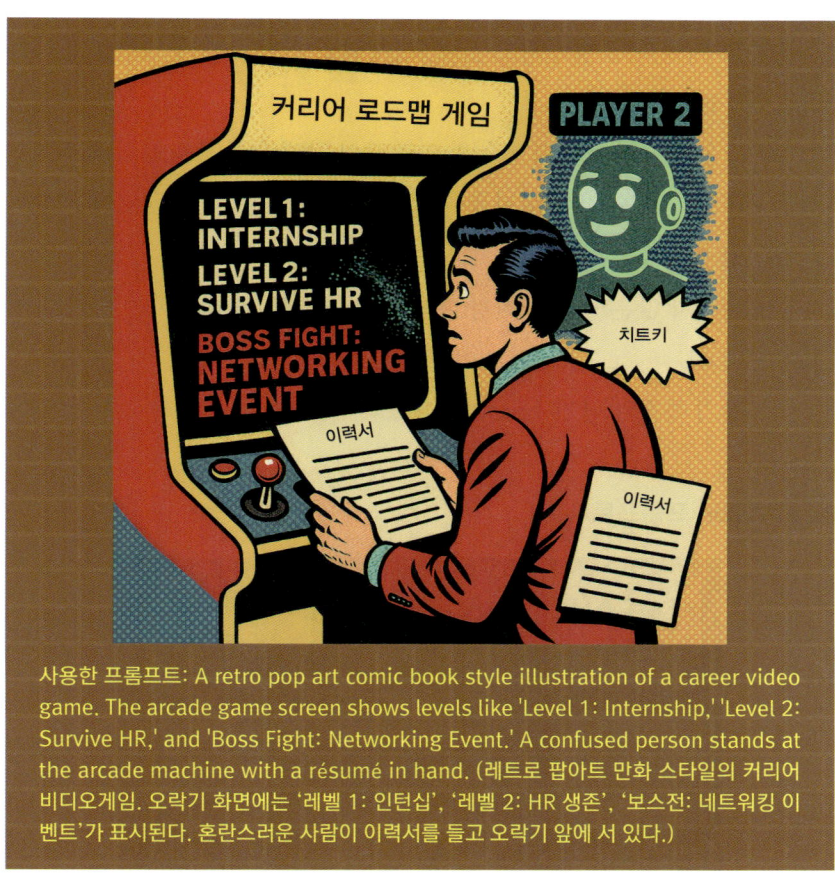

사용한 프롬프트: A retro pop art comic book style illustration of a career video game. The arcade game screen shows levels like 'Level 1: Internship,' 'Level 2: Survive HR,' and 'Boss Fight: Networking Event.' A confused person stands at the arcade machine with a résumé in hand. (레트로 팝아트 만화 스타일의 커리어 비디오게임. 오락기 화면에는 '레벨 1: 인턴십', '레벨 2: HR 생존', '보스전: 네트워킹 이벤트'가 표시된다. 혼란스러운 사람이 이력서를 들고 오락기 앞에 서 있다.)

기본 프롬프트

지금부터 내 커리어 로드맵을 함께 설계해 줘.

Help me design my career roadmap from scratch.

🤖 구체화 프롬프트

- 나는 현재 [직무/분야명]에서 일하고 있고, 앞으로 5년 이내에 [목표 직무/성과]를 달성하고 싶어. 단계별로 어떤 스킬과 경험을 쌓아야 하는지 알려 줘.
- 그동안 나와의 대화를 기반으로 나의 강점과 단점을 분석해 줘.
- 내 강점과 약점을 고려해서, 목표 달성을 위한 학습 경로와 네트워킹 전략을 제안해 줘.
- 예기치 않은 리스크(산업 변화, 개인 상황 등)에 대비하는 방안도 알려 줘.
- 장기 목표와 단기 목표 설정을 도와줘.

🤖 Vision 프롬프트

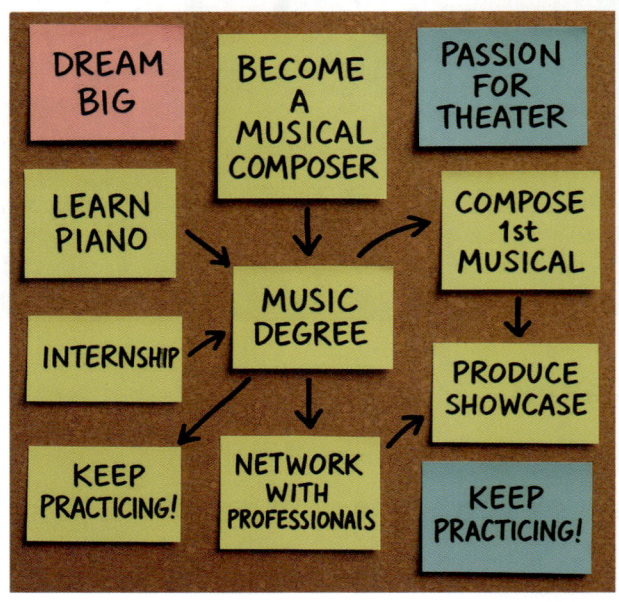

내 비전 보드를 보고 커리어 로드맵을 차근차근 짜 줘.
Based on this vision board, help me map out a step-by-step career roadmap from scratch.

🤖 구체화 프롬프트

- 각 단계별로 필요한 세부 액션 아이템과 예상 소요 기간을 제안해 줘.
- 음악 이론 공부부터 첫 뮤지컬 작곡까지, 단계별로 추천 도서·강의·온라인 자료를 구체적으로 알려 줘.
- 네트워킹 목표를 달성하기 위해 참석할 만한 뮤지컬 관련 행사·페스티벌·공모전 목록과 참가 팁을 제시해 줘.
- '작곡 첫 작품 완성'을 위해 필요한 세부 내용과 예산 계획을 세워 줘.
- 2027년 데뷔 프리미어 목표를 위해 역량 점검용 자기 평가 지표(작품 수, 협업 경험, 피드백 횟수 등)를 만들어 줘.

할 일 목록 만들기

사용한 프롬프트: A to-do list that says: catch a monster become a kpop idol climb Everest. (할 일 목록: 괴물 잡기, K팝 아이돌 되기, 에베레스트 오르기.)

기본 프롬프트

오늘 해야 할 일 목록을 만들어 줘.

Create my to-do list for today.

구체화 프롬프트

- 내 할 일: [업무 A], [업무 B], [업무 C]가 있어. 중요도와 긴급도를 기준으로 우선순위를 정하고, 예상 소요 시간을 포함해서 정리해 줘.

- 집중 시간이 짧은 편이니, 25분 작업 후 5분 휴식의 포모도로 방식으로 스케줄을 짜 줘.
- 예기치 못한 일이 생길 경우, 대체 시간을 어떻게 배분하면 좋을지 제안해 줘.
- 나는 아침에 집중을 잘하고, 오후에는 조금 졸렸다가 밤에 다시 집중을 잘해. 시간 계획을 세워 줘.
- 시간을 아껴서 오늘 이렇게 많은 일을 다 할 수 있는 전략을 짜 줘.
- 할 일이 너무 많아서 스트레스를 받아. 스트레스 관리도 중간중간 넣어 줘.

Vision 프롬프트

여기 이번 달 나의 스케줄이 있어. 이걸 바탕으로 이번 주에 해야 할 일 목록을 만들어 줘.

Here is my schedule for this month. Based on it, please create a to-do list for this week.

🤖 구체화 프롬프트

- 이번 주 각 요일별로 우선순위가 높은, 할 일을 세 가지씩 정리해 줘.
- 하루에 2시간 이상 소요되는 작업과 30분 이하로 짧게 끝낼 수 있는 작업을 구분하여 분류해 줘.
- 회의·약속·마감일 등을 고려해 '완수 목표 시간'을 포함한 '타임 블록' 일정을 제안해 줘.
- 긴급도와 중요도를 기준으로 두고 '아이젠하워 매트릭스' 형태로 이번 주 할 일을 분류하고, 각 사분면별 예시를 들어 줘.
- 각 할 일에 대해 필요한 준비물이나 참조 자료(문서·링크 등)를 함께 목록에 포함해 줘.

나의 3대 핵심 가치 찾기

사용한 프롬프트: There is a hand that is pulling out core values in life out of a person's chest. The core values are "Integrity," "Creativity," and "Coffee." Style: vibrant primary colors, strong black outlines, halftone dots texture, bold lettering, reminiscent of 1950s-60s advertising and sci-fi comics. (손이 사람의 가슴에서 삶의 핵심 가치를 꺼낸다. 그 가치는 "진실성(Integrity)", "창의성(Creativity)", "커피(Coffee)." 스타일: 강렬한 원색, 두꺼운 검은 윤곽선, 망점 질감, 굵은 레터링. 1950~60년대 광고와 공상과학 만화를 연상시키는 느낌)

기본 프롬프트

내 인생과 커리어에서 가장 중요한 세 가지 가치를 찾아 줘.

Help me identify my top three core values in life and career.

🤖 구체화 프롬프트

- 나는 어떤 상황에서 가장 성취감을 느끼는지, 어떤 원칙을 절대 포기하지 않는지 질문해 줘.
- 다양한 가치 후보(자유, 도전, 안정, 창의성 등) 목록을 제시하고, 나에게 가장 적합한 세 가지를 추려 내는 과정을 안내해 줘.
- 도출된 가치를 실제 행동에 적용하는 예시를 제안해 줘.
- 그동안 나와 했던 대화를 바탕으로 내가 가장 중요하게 여기는 3대 핵심 가치를 찾아내 봐.

🤖 Vision 프롬프트

이건 내 책상이야. 여기 있는 책과 페이퍼를 보고 내가 가치 있게 여기는 것들이 무엇인지 찾아 줘.

This is my desk. Based on the books and papers here, identify what I value most.

 구체화 프롬프트

- 책 표지와 제목을 분석해서 내가 중요하게 여기는 지식 영역(예: 인문학, 과학, 자기계발 등)을 분류해 줘.
- 책과 페이퍼를 주제별로 묶어서, 내 가치관과 연관된 핵심 키워드 5개를 뽑아 설명해 줘.
- 가장 눈에 띄는 책 3권을 선택해서, 그 책들이 내게 주는 메시지와 내 삶에 끼칠 영향에 대해 해석해 줘.
- 책들의 출판 연도나 에디션(판)을 고려해서, 시간이 지나도 변하지 않을 나의 핵심 가치를 추론해 줘.
- 책과 페이퍼 외에도 책상 위 소품(메모, 도구 등)까지 포함해서, 내 업무·학습 스타일과 연계된 가치를 종합적으로 제시해 줘.

나의 에너지 사이클 파악하기

사용한 프롬프트: A comic-style roller coaster labeled "Morning Peak," "Afternoon Crash," and "Midnight Overthinking," with ChatGPT as the safety operator. (만화 스타일의 롤러코스터. "아침 절정," "오후 추락," "자정 과잉 생각"이라는 표지판이 붙어 있고, 챗GPT가 안전 요원으로 있다.)

🤖 기본 프롬프트

내 하루 에너지 사이클을 분석해 줘.

Analyze my daily energy cycle.

🤖 구체화 프롬프트

- 내가 최근 일주일 동안 느꼈던 에너지 레벨(1~10)을 시간대별로 알

려 줄게. 이 데이터를 기반으로 피크 타임과 로우 타임을 도출해 줘.
- 에너지가 낮은 시간대에 해야 할 보조 활동(스트레칭, 짧은 산책 등)을 추천해 줘.
- 에너지 피크 타임을 업무 집중에 최적화하는 스케줄 팁을 제안해 줘.
- 에너지 사이클을 바꾸려면 어떻게 해야 할까?
- 나의 식생활 패턴도 함께 봐줘.

 **Vision 프롬프트**

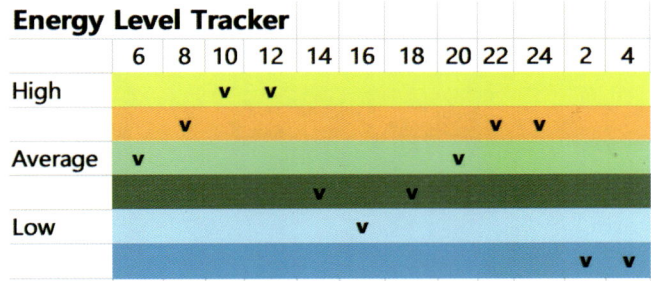

이건 내 에너지 레벨을 표시한 표야.
This is a table showing my energy levels.

 **구체화 프롬프트**

- 표의 시간대별 에너지 레벨을 바탕으로 하루 중 최적의 집중 업무 시간을 추천해 줘.
- 각 에너지 구간(높음 · 중간 · 낮음)에 맞춰서, 해야 할 활동 유형(예: 창의적 작업, 회의, 휴식)을 제안해 줘.
- 에너지 레벨이 낮은 시간대에 생산성을 높일 수 있는 간단한 루틴이나 스트레칭 동작을 알려 줘.

- 이 에너지 패턴을 기준으로 일주일의 스케줄을 재구성해서, 가장 효율적인 시간표를 만들어 줘.
- 에너지 레벨이 갑자기 변화하는 구간이 있으면 그 원인(식사, 회의, 휴식 부족 등)을 추측하고 해결책을 제시해 줘.

나의 현재 역량과 목표 역량 간의 격차 분석

사용한 프롬프트: A person stuck trying to cross a canyon between "Current Skills" and "Dream Job." ChatGPT becomes a ridiculous bridge made of pencils, sticky notes, and books. (사람이 "현재 기술"과 "꿈의 직업" 사이의 협곡을 건너려 발버둥친다. 챗GPT는 연필, 포스트잇, 책으로 만든 우스꽝스러운 다리가 된다.)

기본 프롬프트

내 현재 역량과 달성하고 싶은 역량 사이의 격차를 분석해 줘.

Analyze the gap between my current skills and my target skills.

구체화 프롬프트

- 현재 보유한 스킬 목록과 목표 스킬 목록을 제공할게. 각각을 비교

해 어떤 역량이 부족한지 테이블로 정리해 줘.
- 격차를 메우기 위한 우선 학습 순서와 추천 자료(온라인 강의, 책 등)를 제안해 줘.
- 주간·월간 학습 계획 템플릿도 만들어 줘.
- 현재 역량과 목표 역량을 더 잘 분석할 수 있도록 나에게 구체적 질문을 해 줘.

 Vision 프롬프트

역량	현재 수준	목표 수준
프레젠테이션	초급	중급
데이터 분석	중급	고급
문서 작성	고급	고급
팀워크	중급	고급

개인 역량 매트릭스

이것은 나의 스킬 매트릭스야. 현재 수준과 목표 수준 간의 격차를 더 구체적으로 분석하고 싶어.

This is my skills matrix. I want to analyze the gaps between my current and target levels in more detail.

구체화 프롬프트

- 현재 수준과 목표 수준의 차이가 가장 큰 상위 2개 스킬을 찾아서,

각각의 갭을 해소하기 위한 구체적인 학습 단계(예: 온라인 강의 수강 → 실습 프로젝트 → 피드백 받기)를 제안해 줘.
- 모든 스킬에 대해 '현재 → 목표' 수준을 수치(예: 1~5점 척도)로 환산하고, 각 스킬의 갭 크기를 시각적으로 보여 주는 표나 차트를 만들어 줘.
- 각 스킬별로 목표 수준에 도달하기 위해 필요한 기간(예: 주당 공부 시간, 총 개월 수)을 추정하고, 우선순위 순으로 정리해 줘.
- 데이터 분석 고수가 되고 싶어. 어떤 책을 읽으면 좋을까?

나의 생활에서 방해 요인 찾아 없애기

사용한 프롬프트: A superhero-style battle where Wonder Woman blasts away villains that are social networks. Style: vibrant primary colors, strong black outlines, halftone dots texture, bold lettering, reminiscent of 1950s–60s advertising and sci-fi comics. (슈퍼히어로 만화 스타일 전투. 원더우먼이 SNS라는 이름의 악당들을 날려버린다. 스타일: 강렬한 원색, 두꺼운 검은 윤곽선, 망점 질감, 굵은 레터링. 1950~60년대 광고와 공상과학 만화를 연상시키는 느낌)

기본 프롬프트

내 생활에서 방해 요인을 찾아서 없애는 걸 도와줘.

Identify and eliminate distractions in my daily life.

구체화 프롬프트

- 주로 어떤 상황에서 집중이 깨지는지, 예시를 들어 설명해 줘.
- 그에 따른 맞춤형 차단·예방 전략(앱 차단, 환경 개선, 루틴 수정 등)을 제안해 줘.
- 효과 측정을 위한 간단한 트래킹 방법도 알려 줘.

Vision 프롬프트

이 공간은 상담과 가족 면회가 이루어지는 공간이야. 목적을 방해하는 요소를 찾아서 개선점을 제안해 줘.

This space is used for counseling and family visits. Identify elements that interfere with its purpose and suggest improvements.

🖥️ 구체화 프롬프트

- 조명 상태, 창문 배치, 커튼 유무 등으로 프라이버시가 보장되지 않는 부분이 있는지 분석하고 개선책을 제안해 줘.
- 의자와 탁자의 간격, 배치 동선이 상담·면회 시 대화를 방해하는지 평가하고, 더 편안한 레이아웃 아이디어를 알려 줘.
- 벽지·장식·컬러 톤이 긴장감을 유발하거나 차분함을 깨뜨리는 요소가 있는지 분석해 줘.
- 바닥·가구·벽면에서 들리는 소음(문소리, 의자 끄덕임 등)이 면회를 방해할 수 있을까? 이 상태에서 어떻게 방음을 할 수 있을까?
- 개인정보나 민감한 대화가 노출될 수 있는 시각적 요소(유리문, 오픈 선반 등)를 지적하고, 프라이버시를 강화하는 가림막·가구 교체 방안을 알려 줘.

챗GPT로 필라테스 루틴 짜기

사용한 프롬프트: A woman is looking outside the window. She does not want to go out because it's snowing a lot (raining a lot, too hot, too dark). Vintage comic style. [여자가 창밖을 내다보고 있다. 그녀는 눈이 너무 많이 와서 (비가 너무 많이 와서, 너무 더워서, 너무 늦어서) 나가기 싫다. 빈티지 코믹 스타일]

기본 프롬프트

필라테스 일주일 루틴을 짜 줘.

Create a Pilates weekly routine for me.

구체화 프롬프트

- 나는 초보/중급/전문가야.

- 집에서 나 혼자 할 수 있는 루틴을 짜 줘.
- 내가 가진 소도구는 필라테스볼, 1kg 덤벨, 스파인 코렉터, 매트가 있어. 이 소도구를 사용하는 루틴을 짜 줘.
- 외내복사근을 훈련하고 싶어.
- 나는 왼쪽 무릎이 아파. 이 부분을 사용하는 것을 피해 줘.
- 나는 오른쪽 어깨가 아파. 이 부분의 재활을 도와줘.
- 하루 30분 분량의 루틴을 짜 줘.
- 일주일의 루틴을 짜 줘.
- 매일 다른 부위의 근육 그룹을 타깃으로 해 줘.
- 유산소도 포함해 줘/유산소는 빼 줘.
- 스트레칭과 유연성 위주로 해 줘.
- 어울리는 음악도 추천해 줘.

 Vision 프롬프트

이것은 필라테스 동작이야. 이 동작을 하는 방법을 구체적으로 설명해 줘.

These are Pilates exercises. Please provide specific instructions on how to perform these movements.

🤖 구체화 프롬프트

- 이 동작에 필요한 소도구는 무엇이야?
- 이 동작에서 타깃으로 하는 근육은 어느 근육이야?
- 나는 초급/중급/고급이야. 내 수준을 고려했을 때 이 동작은 몇 번 반복하는 것이 좋을까?
- 이 동작을 할 때 무엇에 특별히 신경을 써야 할까?
- 나는 이 동작을 할 때 (   )가 아파. 내가 무엇을 잘못하고 있는 것일까?
- 이 동작의 변형에는 무엇이 있을까?
- 이 동작을 하기 전 준비 운동은 무엇을 하는 것이 좋을까?
- 이 동작을 하고 난 후 마무리 스트레칭은 어떻게 하는 것이 좋을까?

헬스 루틴 짜기

사용한 프롬프트: A young man is training at the gym. a robot is his personal trainer. vintage comic style. (젊은 남자가 헬스장에서 트레이닝을 받고 있다. PT 선생님은 로봇이다. 빈티지 코믹 스타일)

기본 프롬프트

매일의 헬스(운동) 루틴을 짜 줘.

Create a daily fitness routine for me.

구체화 프롬프트

- 나의 나이는 33세이고, 내 몸무게는 60kg이야.

- 나는 등 부위의 근육을 키우고 싶어.
- 주 3회, 각 60분씩 할 수 있는 헬스장에서 할 수 있는 운동 루틴을 짜 줘.
- 상체 운동 루틴을 짜 줘.
- 현재 나의 운동 루틴은 이러이러해. 이것을 8주 동안 했는데 이제 더 이상 자극이 오질 않아. 어떻게 변형하면 좋을까?
- 내가 요즘 하는 운동은 푸시업인데 너무 어려워. 조금 쉽게 바꿔 줘.
- 데드리프트는 어떻게 하는 거야? 이 운동을 할 때 어떤 점에 주의해야 해?
- 런지를 할 때 무릎이 아파. 이 운동과 같은 근육을 타깃으로 하는 다른 운동을 추천해 줘.
- 나는 1개월 동안 4kg의 살을 빼고 싶어. 여기에 맞는 운동 루틴을 짜 줘.
- 나는 근육을 15% 늘리고 싶어. 코어와 팔다리 근육 위주로 루틴을 짜 줘.
- 노인을 위한 운동 루틴을 짜 줘.
- 나는 발목 부분의 재활이 필요해. 여기에 맞는 루틴을 짜 줘.

Vision 프롬프트

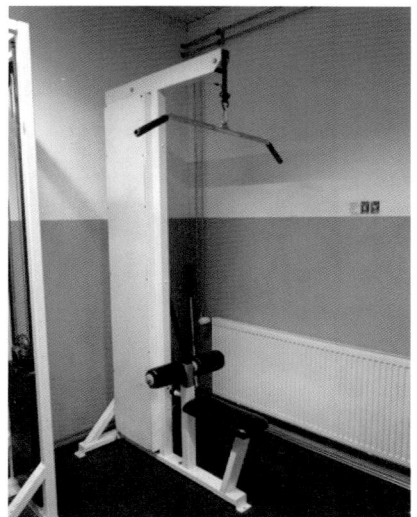

출처: Creative Commons(CC)

이 기구는 어떻게 사용하는 거야?

How do you use this equipment?

 구체화 프롬프트

- 이것으로 등 운동을 하고 싶어. 어떻게 사용해야 할까?
- 이것으로 유산소 운동을 하는 것도 가능할까?
- 이 기구를 사용할 때 주의할 점은 무엇이야?
- 저 기구의 웨이트의 무게를 맞출 때 어떻게 맞춰야 해?
- 저기 당기는 손잡이 같이 생긴 것은 무엇이야? 어떻게 운동하는 거야?

해 보고 싶었던 스포츠 배우기

사용한 프롬프트: A young woman studying at the library, day dreaming of running a marathon, retro comic style. (젊은 여성이 도서관에서 공부하다가 마라톤을 뛰는 상상을 한다. 레트로 코믹 스타일)

기본 프롬프트

마라톤 훈련 계획을 짜 줘.

Devise a marathon training plan.

구체화 프롬프트

- 나의 나이는 40세이고, 내 몸무게는 50kg이야.
- 나는 한 번도 마라톤에 나가 본 적이 없어. 6개월 후에 열리는 대회

에 나가 보고 싶은데 어떻게 준비해야 할지 모르겠어. 도와줘.
- 나는 초보/중급/숙련자야.
- 10km 대회에 나갈 계획이야. 앞으로 20일이 남았어.
- 처음이라 겁이 좀 나네. 나에게 용기를 줘.
- 아주 쉬운 단계부터 할 수 있게 짜 줘.
- 나는 지난번에 10km 대회에 나갔었어. 이번에는 더 먼 거리를 달리는 대회를 나가고 싶어. 몇 km 정도가 적당할까?
- 달리다가 발에 쥐가 나면 어떻게 해야 해?
- 물은 얼마나 자주 마셔야 해?
- 신발은 어떤 신발을 신어야 해?
- 마라톤에 대해 내가 알아야 할 중요한 건강 관리 정보가 있으면 알려 줘.
- 나는 이것을 잘 못해. 이것을 어떻게 훈련하면 좋을까?

 Vision 프롬프트

이 신발은 마라톤을 뛰기에 적당할까?

Are these shoes suitable for running a marathon?

🤖 구체화 프롬프트

- 이 신발은 어떤 용도의 신발이야?
- 나는 마라톤에 처음으로 나가. 초보자용 신발로 적합할까?
- 마라톤용 신발을 살 때 어느 부분을 고려해야 해?
- 뛸 때 발바닥이 아프지 않으려면 어떤 신발이 좋을까?
- 이 신발은 어떤 기능이 있어?

챗GPT는 다이어트 상담사

> 챗GPT! 살 빼는 것 좀 도와줘! 내 목표는 3개월 동안 10kg을 빼는 거야.

BEFORE / **AFTER**

사용한 프롬프트: Before and after of a man. Before picture shows the man has a big belly and is unhappy. After picture shows the man has six packs like a superhero and he seems happy. Retro comic style. (남자의 전과 후 비교. 전 그림에서는 남자가 큰 배를 가지고 있고 행복하지 않아 보인다. 후 그림에서는 남자가 슈퍼히어로처럼 식스팩을 가지고 행복한 표정. 레트로 코믹 스타일)

 기본 프롬프트

나는 35세의 남성이고, 내 몸무게는 90kg이야. 나는 15kg를 빼고 싶어. 나에게 맞는 살 빼기 계획을 제안해 줘.

I'm a 35-year-old male, and my weight is 90kg. I want to lose 15kg. Please suggest a weight loss plan that would work for me.

챗GPT는 다이어트 상담사 **287**

🤖 구체화 프롬프트

- 5개월 안에 5kg을 감량하고 싶어.
- 현재 체지방의 5%를 감량하고 싶어.
- 내 식습관은 이러이러해. 어떻게 바꾸면 좋을까?
- 나는 생선을 안 먹어. 생선을 뺀 식단을 만들어 줘.
- 오늘 내가 먹은 음식의 종류와 양이야. 이 정도면 적절한 걸까?
- 나는 의지가 약해. 내가 다이어트를 지속할 수 있도록 동기부여가 되는 말을 좀 해 줄래?
- 이것은 현재 나의 운동 루틴이야. 건강하게 살을 빼기 위해 어떤 운동을 좀 더 하면 좋을까?
- 살을 빼고 싶지만 건강하게 먹고 싶어. 어떤 점을 주의해야 할까?
- 나에게는 이런 이런 지병이 있어. 이것을 고려해서 식단과 운동 계획을 짜 줘.
- 운동으로 살을 빼고 싶은데 운동을 싫어해. 운동을 습관으로 만들기 위해 계획을 짜 줘.

 **Vision 프롬프트**

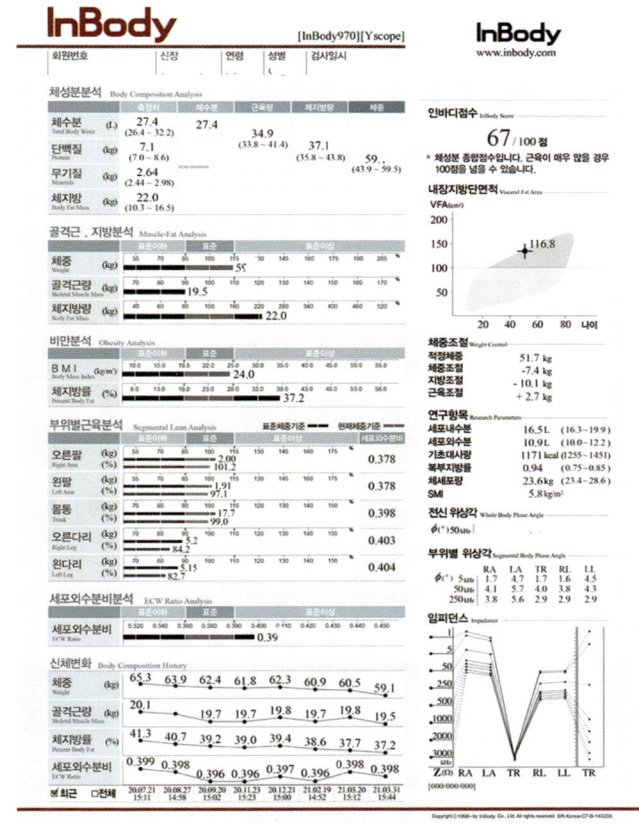

이 인바디 분석 결과를 바탕으로 내가 어떻게 살을 빼면 좋을지 다이어트 계획을 짜 줘.

Based on these InBody analysis results, create a diet plan for me to lose weight effectively.

 **구체화 프롬프트**

- 이 데이터를 바탕으로 내가 어떤 운동을 하면 좋을지 제안해 줘.
- 이 데이터를 바탕으로 내가 더 건강해지려면 무엇을 해야 할지 제안해 줘.
- 이 데이터를 바탕으로 유산소 운동을 얼마나 하는 것이 좋을지 제안해 줘.

챗GPT 200% 활용하기

챗GPT가 응답을 거부할 때
1. 사람이 누구인지 알려 달라거나, 여기가 어디인지 알려 달라는 것처럼 개인 정보와 관련된 프롬프트는 답변을 해 주지 않는다.
2. '몸'에 대하여 이야기하면 답변을 거부할 때가 종종 있다. 따라서 여기 예시에서도 인바디 분석 결과, 데이터 등과 같은 표현을 사용하였다.

 ### 실제 활용 사례

온라인을 조금만 검색해 보면 챗GPT로 살을 뺀 것으로 유명해진 미국 시애틀의 그레그 무셴(Greg Mushen)에 대한 이야기를 쉽게 찾을 수 있다. 무셴은 챗GPT를 이용해 12kg 가까이 감량한 것으로 유명해졌다. 그는 그동안 계속 살을 빼고 싶었지만, 누구나 그렇듯이, 잘 되지 않았다. 그는 프로그래머라 오랜 시간 앉아서 일을 해야 해서 언제나 운동이 부족한 상태였다고 한다. 그런데 그의 집 뒤에 달리기에 아주 좋은 트레일이 있었다. 그는 항상 그 트레일에서 달리는 운동을 하고 싶다고 생각했지만 문제가 하나 있었으니… 그는 달리기를 정말 정말 싫어했던 것이다. 어느 날 무셴은 일하다 말고 호기심 삼아 챗GPT에게 살 빼기 위한 계획을 세워 달라고 했다. 그는 챗GPT가 뭐라고 답할지 궁금하기도 했다. 몇 번의 프롬프팅을 통해 자신에게 잘 맞는 다이어트 계획을 생성해 내는 데에 성공한 그는 챗GPT가 짜 준 계획대로 운동을 하기 시작했다고 한다. 다음은 그의 프롬프트의 일부분이다.

"나는 뛰는 걸 싫어해. 운동 습관 붙이기도 어려워. 그런데 달리기를 하고 싶은 마음은 있어. 이런 사람의 심리를 먼저 분석해 주고, 그것을 바탕으로 내가 달리기를 습관으로 만들 수 있는 방법을 알려 줘."

챗GPT는 달리기를 싫어하는 사람이 달리기를 습관으로 만들기 위한 전략을 하나하나 코치해 주었다. 아주 작은 단계부터 시작했다고 한다. 예를 들어, 운동 시작한 후 셋째 날까지도 5분 동안 제자리 뛰기만 하라고 챗GPT가 코치했다고 한다. 그렇게 너무 쉬워서 간단히 해낼 수 있는 과제부터 시작하여 무센은 달리기를 시작하게 되었다. 그리고 몇 달 만에 그의 살 빼기 계획은 성공을 하였다고 한다. 그런데 그는 지금도 멈추지 않고 아직도 주 6회씩 달린다고 한다.

살을 빼고 싶어. 단식 계획을 짜 줘

사용한 프롬프트: A person refusing to eat to lose weight. Vintage comic style. (살을 빼기 위해 먹기를 거부하는 사람. 빈티지 코믹 스타일)

기본 프롬프트

나는 30세 여성이고 60kg이야. 나는 간헐적 단식으로 체중을 줄여 보려고 해. 나에게 맞는 간헐적 단식 계획을 짜 줘.

I'm a 30-year-old woman weighing 60kg. I want to try intermittent fasting to lose weight. Please create an intermittent fasting plan that would work for me.

구체화 프롬프트

- 16:8로 시작해서 20:4까지 가고 싶어. 어떻게 단식 시간을 늘려 가는 것이 좋을까?
- 나는 야간 근무를 해서 주로 식사를 20시, 새벽 1시에 먹어. 내 야간 근무 스케줄을 고려해서 간헐적 단식 계획을 짜 줘.
- 5:2 방식에 대해서 설명해 줘.
- 너는 영양사야. 1일 1식을 하려는 사람을 위한 식단을 짜 줘.
- 여기 나의 일주일 스케줄이 있어. 나에게 맞는 간헐적 단식 계획을 짜 줘.
- 나의 의지가 약해질 때 나에게 도움이 될 수 있는 메모를 붙여 놓으려고 해. 그 메모에 무엇이라고 쓰면 좋을까?

Vision 프롬프트

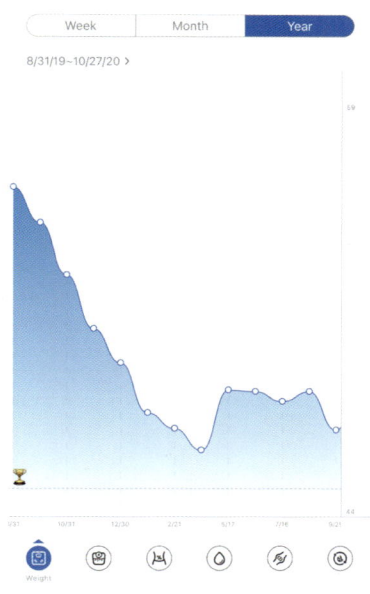

이것은 체중 감량 그래프야. 왜 이때부터 다시 찌기 시작했을까?

This is a weight loss graph. Why do you think I started to gain weight again?

구체화 프롬프트

- 여기에서 대사량은 얼마나 변화했어?
- 간헐적 단식이 대사량에 미친 영향은 무엇일까?
- 여기에 운동을 더한다면 어떤 운동을 얼마나 하는 것이 좋을까?

근육을 키우고 싶어.
나에게 맞는 방법을 찾아 줘

사용한 프롬프트: A woman showing off her arm muscles. She is holder a baby. Retro comic style. (여자가 아기를 안고 팔의 근육을 자랑하고 있다. 레트로 코믹 스타일)

기본 프롬프트

나는 근육을 키우고 싶어. 나에게 맞는 운동 계획을 짜 줄래?

I want to build muscle. Can you create a workout plan that suits me?

🤖 구체화 프롬프트

- 나는 30세의 여성/남성이야.
- 나는 피트니스 초보/중급/고급/전문가야.
- 나는 등 근육을 집중적으로 키우고 싶어. 어떤 운동을 어떤 루틴으로 하면 좋을까?
- 근육을 키우기 위한 단백질 섭취 계획을 짜 줘.
- 나의 생활 패턴은 이러이러해. 운동을 언제 하는 것이 좋을까?
- 나는 운동하러 가면 열심히 하는데, 운동하러 가기까지가 너무 어려워. 내가 집에서 나설 수 있도록 나에게 맞는 전략을 짜 줘.
- 일상생활에서도 복근 운동을 할 수 있을까?
- 나의 성격과 라이프 스타일에 맞는 현실적인 계획을 짜 줘.
- 나는 등 근육을 키우기 위해서 풀업을 하고 있는데 승모근에 힘이 너무 많이 들어가네. 어떻게 교정하면 좋을까?

Vision 프롬프트

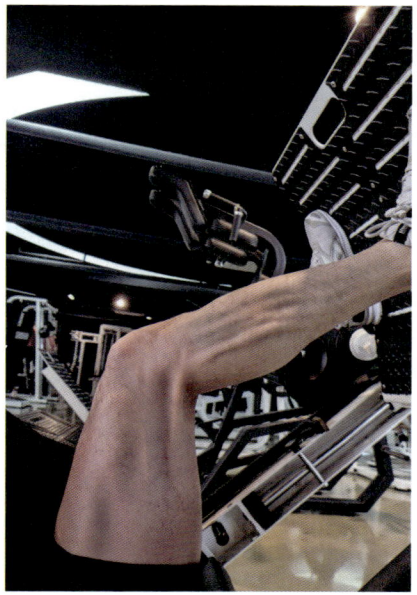

이 근육 이름이 뭐야? 이 근육을 키우려면 어떤 운동을 해야 해?
What is the name of this muscle? What exercises should I do to build this muscle?

 구체화 프롬프트

- 이 근육의 이름은 뭐야?
- 이 부분의 근육 운동을 했더니 너무 아프네. 어떤 스트레칭이 도움이 될까?
- 덤벨을 가지고 이 부위의 근육을 키울 수 있는 운동은 어떻게 할까?
- 일상생활에서 구할 수 있는 소품으로 집에서 이 근육을 타깃으로 할 수 있는 운동은?

운동 습관 만들기

사용한 프롬프트: Exercising even while showering. Vintage comic style. (샤워 중에도 운동하는 사람. 빈티지 코믹 스타일)

🤖 기본 프롬프트

아토믹 습관 전략을 이용해서 나를 위한 운동 계획을 짜 줘.

Create a workout plan for me using the Atomic Habits strategy.

🤖 구체화 프롬프트

- 나는 운동을 싫어해/나는 운동을 할 수 있는 에너지가 남아 있지를 않아.

- 나는 운동을 매일 하고 싶어. 운동을 습관으로 만들면 좋겠어.
- 나는 60kg의 여성/남성이고 더 건강해지고 싶어. 아토믹 습관 전략을 이용해서 나에게 맞는 운동 계획을 짜 줘.
- 나는 지구력/근력/심폐력을 향상시키고 싶어.
- 나의 목표는 10kg 감량이야.
- 나는 하루 30분 정도씩의 시간을 할애할 수 있어.
- 일상에서 할 수 있는 스케줄을 짜 줘.
- 일상에서 구할 수 있는 소품을 사용하고 싶어.
- 어떻게 나의 습관 활동을 트래킹하면 좋을까? 애플 워치를 이용하는 방법을 제안해 줘.
- 엑셀에 나의 활동을 기록하고 싶어. 어떤 항목들을 기록하면 좋을까?

 Vision 프롬프트

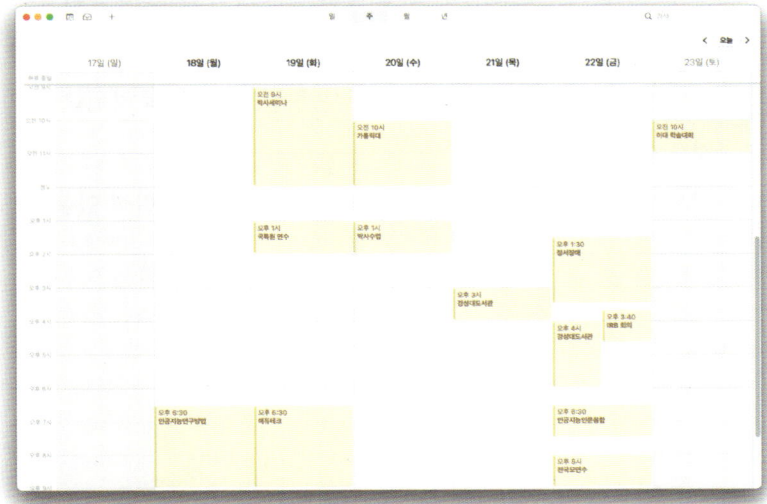

이건 내 일주일의 스케줄이야. 이것을 참고로 내가 아토믹 습관 전략을 활용해 운동을 습관화할 수 있는 방안을 제안해 줘.

This is my weekly schedule. Using this as a reference, please suggest ways for me to establish a workout routine using the Atomic Habits strategy.

🤖 구체화 프롬프트

- 나의 스케줄은 불규칙해. 그 말은 나의 식사 시간도 불규칙하다는 뜻이야.
- 이런 스케줄을 소화하고 나면 에너지가 남아 있지 않아. 이런 나를 위한 플랜을 짜 줘.
- 아토믹 습관에서 습관을 매력적으로 만들 것을 제안하잖아. 내가 이 바쁜 스케줄 사이에서 운동을 매력적으로 만들 수 있는 방법이 무엇일까?
- 이런 스케줄에 적합한 운동은 무엇이 있을까? 어떤 장소에 가야 하거나 땀을 너무 많이 흘리는 운동은 주중 낮 시간에 하기는 어려울 것 같아.
- 업무를 하면서도 운동을 습관화할 수 있는 좋은 방법이 있을까?

더 알아보기

『아주 작은 습관의 힘(Atomic Habits)』에서 제임스 클리어(James Clear)는 매일 1%의 향상을 추구하라고 조언한다. 작은 습관은 즉시 눈에 띄는 결과를 내지 않아서 포기하고 싶은 마음이 들 수 있다. 그러나 성공은 급격한 변화가 아닌 꾸준하고 점진적인 개선의 결과이다. 성공은 어느 날 갑자기 짠 하고 나타나는 것이 아니라, 매일같이 1%씩 향상시킨 결과이다. 그래서 습관이 중요하다. 살을 빼려면 라이프 스타일을 바꾸어야 하듯이, 성공을 하기 위해서는 매일매일 조금씩의 개선과 향상을 추구하는 라이프 스타일, 즉 습관화해야 한다. 클리어는 인위적으로 습관을 형성하기 위해서는 네 가지 조건이 필요하다고 말한다. 그것은 바로 습관을 명확하게 명시하고, 매력적인 활동으로 만들고, 쉽게 여겨지게 만들고, 만족스럽게 만들어야 한다고 주장한다.

1. 습관을 분명하게 만들기: 내가 만들고자 하는 습관을 만들기 위한 시간과 장소를 명시하라.
2. 습관을 매력적으로 만들기: 내가 좋아하는 것과 묶어서 하고 싶게 만들라.
3. 습관이 쉽게 여겨지게 만들기: 쉽게 내가 할 수 있는 부분부터 집중하라.
4. 습관을 만족스럽게 만들기: 습관 형성 과정을 기록하여 성취감을 느끼라.

이 중 특별히 더 어렵게 느껴지는 부분을 챗GPT에게 도와 달라고 해 보자.

골프 치기

사용한 프롬프트: Salvador Dali giving instructions to a golfer, vintage comic style. (살바도르 달리가 골퍼에게 지시를 하고 있다, 빈티지 코믹 스타일)

기본 프롬프트

골프에서 90대 이하로 내려가고 싶어. 내 플레이를 분석해서 방법을 제안해 줘.

I want to score below 90 in golf. Analyze my play and make some suggestions.

 **구체화 프롬프트**

- 나의 강점은 이것이고, 약점은 이것이야. 내 점수를 더 낮추려면 어떤 연습을 더 해야 할까?
- 퍼팅을 더 잘 하는 방법을 알려 줘.
- 공을 더 멀리 보내는 방법을 알려 줘.
- 나는 초보 골프 플레이어야. 스윙팁을 알려 줘.
- 나에게 이런 이런 장비가 있어. 내 수준을 고려했을 때 업그레이드 해야 할까?
- 다음 주에 유명 코스에 가기로 했어. 그 코스에 대해서 설명해 줘. 어느 홀에서 주의해야 할까?
- 골프 칠 때 멘탈 게임에 유능하고 싶어. 몇 가지 팁을 알려 줄래?
- 이럴 때는 아이언을 써야 할까, 드라이버를 써야 할까?
- 이 선수에 대해서 어떻게 생각해?

 Vision 프롬프트

내 골프 스윙 좀 분석해 줄래?

Analyze my swing.

🤖 구체화 프롬프트

- 밸런스는 어때?
- 몸이 너무 뻣뻣해 보이지 않아? 어떻게 더 많이 돌릴 수 있을까?
- 발, 골반, 어깨가 맞춰져 있어? 이게 잘 안 되는데 연습할 때 무엇에 더 신경을 쓰면 이게 맞춰질까?

살을 빼기 위한 라이프 코치

사용한 프롬프트: Robot is your manager. It makes you exercise and it makes you rest. It is your coach. You are a professional woman whose life is hectic. You don't have time to eat but robot manages your meals. Vintage comic style. (로봇이 나의 매니저이다. 로봇은 나에게 운동을 시키고 휴식을 취하게 한다. 로봇이 나의 코치이다. 나는 전문가 여성으로 삶이 정신없다. 먹을 시간이 없지만 로봇이 내 식사를 관리한다. 빈티지 코믹 스타일)

기본 프롬프트

나의 라이프 코치가 되어 줘. 더 건강해지고 싶어.

Be my life coach. I want to be healthier.

🤖 구체화 프롬프트

- 너는 이제부터 프로페셔널 라이프 코치야. 나는 너의 클라이언트야.
- 나는 살을 빼고 싶어/건강해지고 싶어/혈당(혹은 콜레스테롤)을 낮추고 싶어.
- 나는 먹을 것 앞에서 의지가 약해/나는 단것을 좋아해.
- 내가 살을 빼고 건강하게 살 수 있도록 나에게 라이프 스타일 코칭을 해 줘.
- 나에게 질문을 해 줘. 내가 한 답변을 바탕으로 나에게 맞는 라이프 스타일을 고안해 줘.
- 현실적인 스케줄을 제안해 줘.
- 내가 중간에 포기하지 않고 지속할 수 있도록 너무 어렵지 않게 만들어 줘.
- 지금은 겨울이야/여름이야. 요즘 날씨는 (   )고, 요즘 많이 나오는 과일과 야채는 (   )와 (   )야. 내가 사는 곳에서 이런 이런 음식들이 많아. 나는 아침을 잘 먹지 않아. 나의 식사 루틴을 짜 줘.
- 살 빼기를 위한 습관은 무엇이 있을까? 나를 위한 습관들을 제안해 줘.
- 살을 빼기 위한 미니 습관들은 무엇이 있을까? 나의 라이프 스타일에 맞게 제안해 줘.

Vision 프롬프트

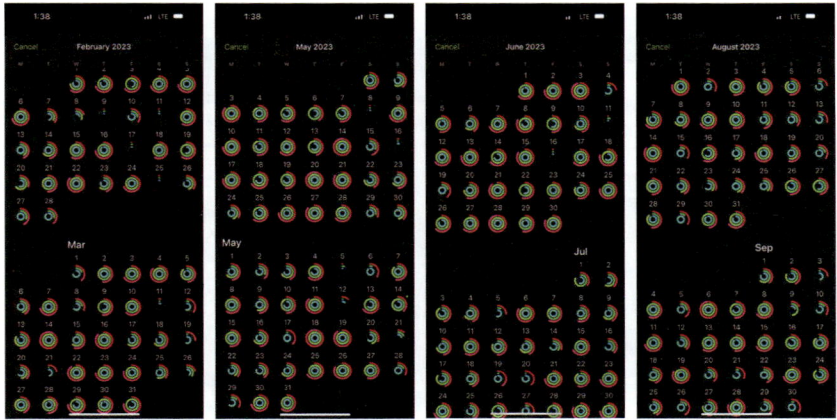

이것은 내 애플워치의 액티비티 데이터야. 이 활동 데이터를 분석해 줘.
This is the activity data from my Apple Watch. Please analyze this activity data for me.

 구체화 프롬프트

- 빨강은 움직임(Move), 초록은 운동(Exercise), 파랑은 일어서기(Stand) 데이터야.
- 여기에서 발견되는 패턴이 있어? 그 패턴을 바탕으로 내가 어떻게 더 건강하게 살 수 있을지 조언해 줘.
- 나는 주중과 주말 언제 더 많이 움직여?
- 이 데이터에서 흥미로운 점은 뭐야?
- 월에 따른 트렌드를 분석해 줘. 계절에 따른 트렌드를 분석해 줘.

워라밸을 위한 라이프 코치

사용한 프롬프트: Robot designing your work-life balance. Robot is calculating, comparing, analyzing your work and life. Retro comic style. (로봇이 나의 워크-라이프 밸런스를 디자인하고 있다. 로봇은 나의 일과 사생활을 계산하고, 비교하고, 분석한다. 레트로 코믹 스타일)

기본 프롬프트

현재 나의 상황은 이러이러해. 워라밸을 갖고 싶어. 조언을 해 줄래?

My current situation is like this(insert situation). I want to achieve work-life balance. Can you give me some advice?

🤖 구체화 프롬프트

- 워라밸이 잘 이루어지고 있다는 것을 어떻게 알 수 있을까?
- 나는 거절을 잘 못해. 워라밸을 지키기 위해 내가 거절을 더 잘하는 방법을 알려 줘.
- 지금 내가 해야 하는 일의 목록이야. 내가 중요하게 여기는 가치는 이런 이런 것들이야. 내가 해야 하는 일의 우선순위를 매겨 봐 줄래? 내가 결정하는 데에 도움이 될 것 같아.
- 워라밸을 위한 시간 관리 방법에는 어떤 것들이 있을까?
- 나의 성격에 맞는 시간 관리 방법을 추천해 줘. 나는 이런 이런 성격을 가졌어.
- 워라밸이 깨졌을 때 스트레스를 관리하는 방법은 무엇일까?
- "나의 바운더리는 이것이다."라는 내용을 주변 사람들이 기분 나쁘지 않게 잘 전달하는 방법을 좀 알려 줘.
- 상대방이 기분 나쁘지 않게 거절하는 방법을 알려 줘.

🤖 Vision 프롬프트

출처: Creative Commons(CC)

워라밸에 대한 이 만화가 왜 웃긴지 설명해 줘.

Explain why this comic about work-life balance is funny.

구체화 프롬프트

- 우리가 여기서 배울 수 있는 점은 뭐야?
- 유머를 이해하기 위해 내가 워라밸에 대해 갖고 있어야 하는 사전 지식은 뭐야?
- 여기서 전하는 메시지가 무엇이야?
- 저자는 어떤 말을 하고 싶었던 걸까?
- 사람들은 왜 이 만화에 공감할까?

챗GPT 답변 예시

 워라밸을 잘 이루고 있다는 것을 어떻게 알 수 있어?

 워라밸(Work-Life Balance)을 잘 이루고 있다는 것은 개인의 삶의 질과 만족도에 긍정적인 영향을 미칩니다. 워라밸이 잘 이루어지고 있다는 몇 가지 징후는 다음과 같습니다:

1. **에너지 수준**: 일과 후에도 개인적인 활동이나 취미를 즐길 에너지가 남아 있는 경우, 이는 좋은 워라밸의 징후입니다.
2. **건강 상태**: 스트레스가 적고, 정기적으로 운동을 하며, 충분한 수면을 취하고, 건강한 식습관을 유지할 수 있다면, 이는 워라밸이 잘 유지되고 있음을 나타냅니다.
3. **사회적 관계**: 친구, 가족과의 관계를 유지하고 정기적으로 사회적 활동에 참여할 시간이 충분하다면, 이는 워라밸이 잘 이루어지고 있음을 의미합니다.
4. **업무 만족도**: 일에 대한 만족감이 높고, 업무가 개인의 가치와 일치하며, 업무 스트레스가 적당한 수준으로 관리되고 있다면, 이는 워라밸이 잘 이루어지고 있음을 나타냅니다.
5. **취미와 휴식**: 취미 활동이나 휴식을 위한 시간을 충분히 가지고 있으며, 이를 통해 재충전할 수 있다면, 이는 워라밸이 잘 유지되고 있음을 보여줍니다.
6. **업무와 개인 시간의 분리**: 업무 시간과 개인 시간을 명확히 구분하고, 업무 관련 생각이나 활동이 개인 시간을 침범하지 않는다면, 이는 건강한 워라밸을 유지하고 있음을 의미합니다.
7. **스트레스 관리**: 스트레스를 효과적으로 관리하고, 업무로 인한 압박감이 지속적으로 삶을 압도하지 않는다면, 이는 워라밸이 잘 이루어지고 있음을 나타냅니다.
8. **자기계발**: 개인적인 성장과 자기계발을 위한 시간을 가질 수 있으며, 이를 통해 개인적인 목표를 달성하고 있다면, 이는 워라밸이 잘 유지되고 있음을 보여줍니다.

워라밸은 개인마다 다르게 정의될 수 있으며, 각자의 삶의 우선순위와 상황에 따라 다르게 느껴질 수 있습니다. 중요한 것은 자신의 필요와 목표에 맞춰 균형을 찾는 것입니다.

여행 계획 짜기

사용한 프롬프트: A woman frustrated because of travel plans. Vintage comic style. (한 여자가 여행 계획 때문에 스트레스를 받고 있다. 빈티지 코믹 스타일)

기본 프롬프트

이번 여름 유럽 여행을 하려고 해. 일정 짜는 것을 도와줘.

I'm planning a trip to Europe this summer. Help me with itinerary planning.

구체화 프롬프트

- 이번 여름 가족/부모님/친구/아이들/연인/배우자와 함께 유럽 여

행을 가려고 해.
- 가고 싶은 나라와 도시는 ( ), ( ), ( ), ( )야.
- 우리는 주로 (건축, 미술, 뮤지컬, 쇼핑, 역사, 자연, 스포츠, 체험, 문화) 에 관심이 있어.
- 같이 가는 사람들의 특성과 우리의 관심사, 목적지를 모두 고려하여 일정을 제안해 줘.
- 이 도시에서의 우리의 예산은 ( ) 정도야. 여기에는 식비와 숙박비가 모두 포함돼. 어느 동네에서 묵으면 좋을까?
- 이 나라에서는 무엇을 타고 다니는 것이 좋을까?
- 이 지역에서 유명한 와이너리 투어가 있을까?
- 역사적으로 의미 있는 장소는 어디일까?
- 전쟁/자동차/과학/패션/디자인 관련 박물관을 방문하고 싶어. 어디를 추천해?
- 그냥 편히 쉴 수 있는 휴양지는 어디일까?
- 이 나라 방문 시 문화적으로 내가 신경써야 할 것은 무엇일까?

Vision 프롬프트

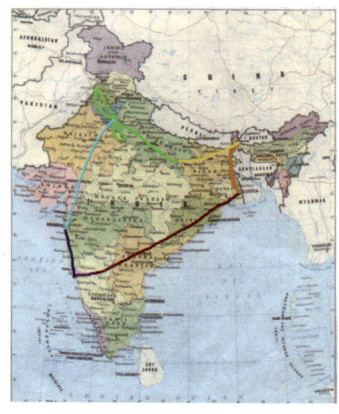

출처: Creative Commons(CC)

나는 올가을 인도 여행을 하려고 해. 이건 다른 사람들이 다녀온 인도 여행 루트야. 이 사람들은 왜 이 루트로 갔을까? 여기에 유명 관광지가 있어?

I'm planning a trip to India this coming fall. This is a route that other people have taken for their trips to India. Why did these people choose this route? Are there any famous tourist attractions here?

구체화 프롬프트

- 나는 인도 여행이 처음이야. 이 중에서 루트를 고른다면 어느 것을 추천해?
- 나의 일정은 10일이고, 예산은 300만 원이야. 어디 어디를 가면 좋을까? 무엇을 타고 이동하면 좋을까?
- 인도 여행을 안전하게 하기 위해 내가 알아야 할 것들은 뭐야?
- 나는 수학의 역사에 관심이 많아. 인도에서 수학의 역사와 관련된 유적지나 박물관이 있을까?

마음챙김(Mindfulness)과 명상

사용한 프롬프트: Mindfulness of a cat and its owner. Photo collage, vintage comic book style. (고양이와 집사의 마음챙김 명상. 포토 콜라주, 빈티지 코믹북 스타일)

🤖 기본 프롬프트

요즘 스트레스가 많아. 마음챙김(Mindfulness)을 연습하고 싶어. 가이드해 줄래?

I've been feeling a lot of stress lately. I want to practice mindfulness. Can you guide me?

🤖 구체화 프롬프트

- 숨쉬기 방법에 대해서 더 자세하게 가르쳐 줘. 어떻게 숨을 쉬는 거야? 몇 초? 몇 번?
- 54321 기법을 사용해 보고 싶어. 어떻게 하는 거야?
- 언제까지 하는 거야?
- 운전하면서 마음챙김을 할 수 있을까? (Mindful driving)
- 컴퓨터 앞에 앉아서 할 수 있는 긴장 완화 테크닉에는 뭐가 있을까?
- 운동과 마음챙김을 같이 할 수 있을까?

🤖 Vision 프롬프트

이 그림을 이용해 마음챙김 명상을 하고 싶어. 나를 가이드해 줘.
I want to do a mindfulness meditation using this picture. Guide me through it.

챗GPT 답변 예시

 마음챙김을 쉽게 하는 방법 좀 가르쳐 줘.

 마음챙김(Mindfulness)은 현재 순간에 집중하고, 판단하지 않으며, 주변 환경과 내면의 감정을 인식하는 연습입니다. 마음챙김을 쉽게 실천하는 몇 가지 방법은 다음과 같습니다:

1. **호흡에 집중하기**: 호흡에 집중하는 것은 마음챙김을 실천하는 가장 기본적인 방법입니다. 깊게 숨을 들이쉬고 천천히 내쉬면서 호흡의 감각에 주의를 기울이세요.
2. **일상 활동에서의 마음챙김**: 일상적인 활동, 예를 들어 걷기, 설거지, 샤워하기 등을 할 때 각 동작과 감각에 집중하세요. 이것은 현재 순간에 더욱 몰입하게 도와줍니다.
3. **단시간 명상**: 하루에 5-10분 정도 짧은 명상을 하는 것으로 시작하세요. 조용한 곳에서 편안하게 앉아서, 현재 순간에 집중하며 생각이 떠오르면 부드럽게 호흡으로 돌아오세요.
4. **감사 일기**: 매일 몇 가지 감사한 점을 적는 것은 긍정적인 감정에 집중하고 현재에 더 감사하게 만듭니다.
5. **몸 스캔 명상**: 머리부터 발끝까지 천천히 몸을 스캔하면서 각 부위를 의식적으로 이완시키세요. 이것은 몸의 감각에 집중하고 긴장을 풀어주는 데 도움이 됩니다.
6. **디지털 디톡스**: 매일 정해진 시간 동안 모든 전자기기를 끄고, 그 시간을 자기 자신과 주변 환경에 더 집중하는 데 사용하세요.
7. **자연 속에서 시간 보내기**: 자연 속에서 시간을 보내면서 주변 환경의 소리, 냄새, 느낌에 집중하세요. 자연은 마음챙김을 촉진하는 훌륭한 환경입니다.
8. **음식을 의식적으로 먹기**: 식사할 때는 TV나 스마트폰을 멀리하고, 음식의 맛, 질감, 냄새에 집중하며 천천히 먹으세요.
9. **일정한 마음챙김 시간 설정**: 매일 같은 시간에 마음챙김 연습을 하면 습관이 되어 더 쉽게 실천할 수 있습니다.

마음챙김은 연습이 필요하며, 처음에는 어려울 수 있습니다. 하지만 꾸준히 연습하면 점점 더 쉬워지고, 일상생활에서의 집중력과 평온함을 증진시킬 수 있습니다.

불안함 가라앉히기

사용한 프롬프트: Inside a room, there sits a man in a chair. His thoughts are anxious, confused, and swirling. A hand appears and the chaos is sucked into the hand. Vintage comic book style. (방에 남자가 의자에 앉아 있다. 그의 생각은 불안, 혼란, 휘몰아침으로 가득 차 있다. 손이 나타나 혼돈이 손으로 빨려 들어간다. 빈티지 코믹북 스타일)

기본 프롬프트

나는 할 일이 많으면 불안해서 집중이 안 되고 오히려 일을 자꾸 미루게 돼. 내가 불안해질 때마다 나의 불안을 가라앉힐 수 있는 방법을 알려 줘.

I get anxious when I have a lot to do, and it makes it hard for me to concentrate. I end up procrastinating. Please tell me how to calm my anxiety when it arises.

🤖 구체화 프롬프트

- 불안할 때 왜 오히려 해야 할 일을 미루게 되는 거야? 심리적 메커니즘이 궁금해.
- 불안해서 일을 미루는 나 자신을 발견할 때에 어떻게 하는 것이 좋을까? 나 자신에게 뭐라고 말해 주면 좋을까?
- 불안하면 배가 아프거나 다리가 아파. 그럴 땐 어떻게 해야 하는지 알려 줘.
- 불안해서 심장이 뛰고 식은땀이 나. 그럴 때 내가 안정을 되찾을 수 있는 방법들을 알려 줘.
- 나는 불안장애로 (   ), (   )를 복용하고 있어. 이 약이 내 문제를 해결해 주지는 못할 텐데, 이 약을 복용하는 그 기간 동안 문제의 원인을 해결하고, 또 더 강해지고 싶어. 내가 할 수 있는 전략들에는 어떤 것들이 있을까?
- 불안이 얼마큼 심해지면 병원에 가야 할까?
- 심호흡 방법을 알려 줘. 이것이 왜 효과가 있는지 설명해 줘.
- 불안을 가라앉히는 좋은 운동에는 무엇이 있을까? 내가 좋아하는 것을 그냥 해도 되겠지? 불안에 좀 더 효과 있는 운동이 있어?

🤖 Vision 프롬프트

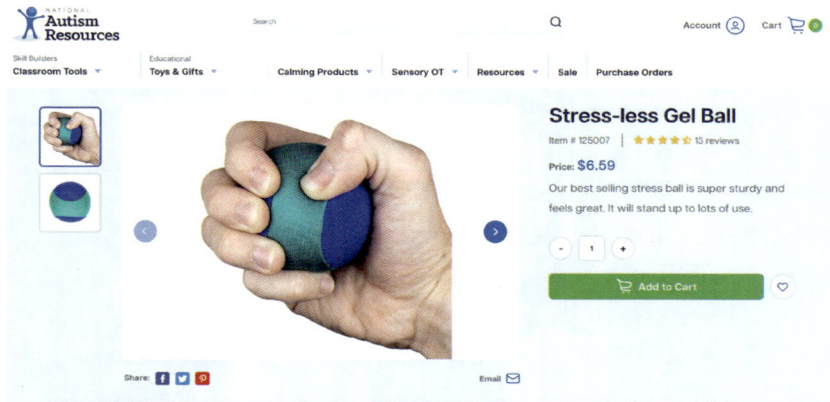

출처: https://nationalautismresources.com/stress-less-gel-ball/

이것은 뭐야? 어떤 용도로 쓰는 거야?

What is this? What is it used for?

🤖 구체화 프롬프트

- 이 스트레스볼이 나의 불안에도 효과가 있을까?
- ADHD나 자폐성 장애 아동의 불안에도 이것이 효과가 있을까?
- 이것이 모든 사람에게 효과가 있을까?
- 이건 어떻게 사용하는 거야?

팔레오식 식단을 짜 줘

사용한 프롬프트: Professional chef is a handsome looking robot. A woman is lovingly looking at the chef cooking food for her. Retro comic style. (전문 셰프는 멋진 로봇이다. 여성이 자신을 위해 음식을 만드는 셰프를 사랑스러운 눈으로 바라보고 있다. 레트로 코믹 스타일)

기본 프롬프트

나는 매일 저녁은 팔레오식/저탄고지/저탄/낮은 칼로리 식단으로 먹으려고 해. 흔히 구할 수 있는 재료로 일주일의 식단을 짜 줘.
I want to eat a Paleo/Low Carb/Low Carb/Low-Calorie diet for dinner every night. Please plan a week's worth of meals using commonly available ingredients.

🤖 구체화 프롬프트

- 계란, 땅콩, 유제품은 빼 줘.
- 지금은 여름이야. 계절을 고려해서 짜 줘.
- 양념해서 구운 고기도 팔레오 식단이라고 할 수 있어?
- 팔레오 식단으로 먹을 때 주의할 점은 뭐야?
- 네가 짜 준 식단을 바탕으로 내가 마트에 가서 무엇을 사면 되는지 재료 리스트를 만들어 줘.
- 이 식단의 요리 레시피를 써 줘.
- 나는 요리를 잘 못하니까 쉬운 조리법 위주의 식단을 짜 줘.

🤖 Vision 프롬프트

출처: Creative Commons(CC)

이 음식도 팔레오식 식단이라고 할 수 있어?
Is this Paleo?

구체화 프롬프트

- 이 요리를 만들기 위한 재료 리스트를 만들어 줘.
- 이 요리의 레시피를 써 줘.
- 이 요리와 비슷한 팔레오식 요리를 추천해 줘.
- 지금은 겨울이야. 계절을 고려해서 식단을 짜 줘.

챗GPT 답변 예시

 이 요리의 영양 성분은 어떻게 될까?

 이 사진에 기반하여 제시된 봄 롤의 주요 재료는 상추, 깻잎, 오이, 토마토, 브로콜리, 아보카도 등으로 보입니다. 각 재료의 대략적인 영양 성분을 기반으로 이 요리의 주요 영양 성분을 설명하겠습니다:

1. **상추**: 낮은 칼로리와 함께 비타민 A, C, E, K 및 여러 미네랄을 포함합니다.
2. **깻잎**: 칼로리가 낮으며 비타민 A와 C, 칼슘, 철분을 포함합니다.
3. **오이**: 물분이 많아 칼로리가 매우 낮습니다. 또한 비타민 K와 포타슘을 소량 포함하고 있습니다.
4. **토마토**: 비타민 C, 칼륨, 엽산 및 항산화 물질인 라이코펜을 포함합니다.
5. **브로콜리**: 다양한 비타민과 미네랄, 그리고 식이섬유와 항산화물질을 풍부하게 포함하고 있습니다.
6. **아보카도**: 좋은 지방, 특히 불포화 지방산이 풍부하며, 식이섬유, 비타민 E, 포타슘 등 여러 영양소를 포함합니다.

이 외에도 봄 롤에는 쌀페이퍼가 사용되며, 쌀페이퍼는 주로 탄수화물로 이루어져 있습니다.

이 재료로 무엇을 만들 수 있을까

사용한 프롬프트: There is a lot of food ingredients on the table. A chef is standing behind it, presenting all the fresh food to you. There is a cat sitting on a pumpkin. Retro comic book style. (상 위에 온갖 음식 재료가 펼쳐져 있다. 그 뒤에 셰프가 서 있고 신선한 재료를 모두 당신에게 보여 주고 있다. 고양이 한 마리가 호박 위에 앉아 있다. 레트로 코믹북 스타일.)

기본 프롬프트

지금 냉장고에 이런 재료가 있어: 오이, 대파, 마늘, 닭가슴살, 토마토, 계란, 상추, 사과. 이것으로 만들 수 있는 요리를 레시피와 함께 추천해 줘.

I have these ingredients in my refrigerator right now: cucumber, green onion, garlic, chicken breast, tomato, eggs, lettuce, and apple. Please recommend a recipe I can make with these ingredients along with instructions.

구체화 프롬프트

- 지금 냉장고에 계란 5개, 우유, 소주, 체더치즈, 양파, 오렌지, 사과, 대파, 소고기, 닭가슴살, 상추, 버섯, 깨, 마늘, 멸치, 두부, 생강, 딸기, 식빵이 있어.
- 내가 가지고 있는 양념은 고추장, 된장, 간장, 소금, 후추, 식초, 물엿, 고춧가루, 설탕이야.
- 팬트리에는 스파게티 국수, 스파게티 소스, 메밀 국수, 잔치 국수, 마카로니, 김, 미역, 초콜릿, 누텔라, 아몬드, 크랜베리가 있어.
- 고기 요리를 추천해 줘/베지테리언 요리를 추천해 줘/샐러드를 추천해 줘.
- 아침/점심/저녁으로 먹을 수 있는 요리를 추천해 줘.
- 나는 당뇨가 있어. 나에게 맞는 레시피로 다시 써 줘.
- 나는 봉골레 파스타를 만들 계획이야. 어떤 재료가 더 필요하지? 지금 마트에 갈 건데 내가 더 사 와야 할 재료를 알려 줘.

Vision 프롬프트

이 재료로 무엇을 만들 수 있을까? 소스랑 기름, 양념은 다 있어.
What can I make with these ingredients? I have sauce, oil, and seasonings available.

구체화 프롬프트

- 아침/점심/저녁 식사로 먹을 만한 레시피를 제안해 줘.
- 내 냉장고에 닭가슴살이 좀 있거든. 닭가슴살과 재료를 가지고 만들 수 있는 음식을 추천해 줘.
- 나는 팔레오식 다이어트를 하고 있어. 이 재료로 만들 수 있는 팔레오식 레시피를 소개해 줘.
- 아이들이 좋아할 만한 요리로 추천해 줘.

불안을 가라앉히는 호흡법 도움 받기

사용한 프롬프트: A stressed-out character blowing up a balloon labeled "Anxiety," and ChatGPT calmly deflating it into a friendly balloon animal. (스트레스 받은 인물이 "불안(Anxiety)"이라고 적힌 풍선을 불고 있고, 챗GPT는 침착하게 그 풍선을 귀여운 동물 풍선으로 바꿔준다.)

기본 프롬프트

나 지금 불안한데 불안을 가라앉히는 호흡법 좀 같이 해 줘.
I'm feeling anxious right now—could you guide me through a breathing exercise to calm my nerves?

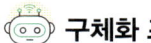 **구체화 프롬프트**

- '4-7-8 호흡법'의 단계별 절차를 자세히 설명하고, 각 단계마다 호흡 시간을 타이머처럼 안내해 줘.
- 횡격막 호흡(복식 호흡)을 처음 배우는 사람도 쉽게 따라 할 수 있도록, 손을 복부에 올리고 느껴 보는 방법까지 포함해 설명해 줘.
- 불안 지수가 높은 순간(예: 발표 전, 대인 스트레스 시)에 추천할 만한 짧은 '초간단 1분 호흡 루틴'을 제안해 줘.
- 호흡 연습 전·후에 스스로 불안 정도를 평가할 수 있는 간단한 자가 진단 문항(예: 1~10척도 질문 3개)을 만들어 줘.
- 지금 나랑 같이 호흡해 줄래?

 Vision 프롬프트

	선행사건 (Antecedent)	행동 (Behavior)	결과 (Consequence)
중요한 발표 10분 전	청중 앞에 나서기 직전, 손이 떨리고 심장 박동이 빨라짐	• 가슴이 두근거리고 손이 땀에 젖음 • 말을 더듬거나 멈춤	• 발표 흐름이 끊어짐 • 스스로에 대한 자책감 증폭
이메일 알림이 계속 울릴 때	연달아 울리는 업무 요청 알림	• 알림을 무시 못하고 계속 확인 • 한 가지에 집중하지 못함	• 작업 지연 발생 • '해야 할 일'이 더 쌓여 불안 심화
동료와 어색한 대화 후	사소한 질문에 답을 망설임	• 입이 마르고 목소리가 줄어듦 • 대화를 빨리 끝내고 도망치듯 자리를 벗어남	• 동료와 거리감 형성 • 대인관계 불안이 장기화

다음은 내가 불안할 때 ABC 분석을 한 거야.
이걸 바탕으로 불안을 관리할 수 있는 인지행동적 솔루션을 제안해 줘.
This is my ABC analysis of when I feel anxious. Based on this, please suggest cognitive-behavioral strategies to help me manage my anxiety.

🤖 구체화 프롬프트

- 각 선행 사건(A) 상황에서 내가 흔히 하는 부정적 자동 사고가 뭘까?
- 결과(C)로 강화된 부정적 자기 대화를 긍정적 자기 진술로 바꾸는 '인지 재구성' 예시 문장 5개를 만들어 줘.
- 내 ABC 패턴에서 나타난 인지 왜곡 유형(과잉 일반화, 흑백 논리 등)을 분석해 줘.
- 불안을 덜 느낄 수 있도록 나의 생각 패턴을 바꾸고 싶어. 나에게 할 수 있는 질문을 만들어 줘.
- 위의 모든 전략을 하루 동안 적용해 볼 수 있는 간단한 7일 실행 플랜(매일 아침·저녁 실천 항목 포함)을 작성해 줘.

더 알아보기

ABC 분석이란?

ABC 분석은 Antecedent(선행 사건/상황) – Behavior(반응/행동) – Consequence(결과/파급 효과)를 분석하는 것으로 인지행동치료(CBT)나 특수교육에서 사용하는 기법이다. 특정 행동이나 감정이 발생하는 원인을 체계적으로 파악해 개입 포인트를 찾을 수 있다.

- A(Antecedent, 선행 사건/상황): 행동이나 감정이 일어나기 직전에 있었던 외부 자극이나 내부 상태
  예: '중요 발표 10분 전' '상사가 예고 없이 호출했을 때' '스마트폰 알림이 울릴 때' 등
- B(Behavior, 반응/행동): 그 상황에서 나타난 개인의 구체적인 반응이나 행동
  예: '심장이 빨리 뛰고 손이 떨림' '알림을 계속 확인하느라 다른 일에 집중 못 함'
- C(Consequence, 결과/파급 효과): 행동·감정에 따른 단기적·장기적 결과
  예: '발표 흐름이 끊어짐' '불안이 더 심해져서 작업이 늦어짐'

ABC 분석이 끝났으면 그것을 이용해 패턴을 파악하고 어느 부분에서 패턴을 끊어 낼지 찾아본다.

- 패턴 파악: A가 반복될 때마다 B와 C가 어떻게 연결되는지 분석할 수 있다. 예를 들어, '예고 없는 호출(A)' → '떨림·말더듬(B)' → '자존감 하락(C)'이 반복된다면 이 패턴을 깨볼 수 있을 것이다.
- 개입 포인트 설정: 예고 없는 호출(A)을 줄이거나, '회의 요청 시 간단한 요약 부탁' 같은 요청으로 상황을 완화할 수 있다. 혹은 떨림(B)을 완화하기 위해 '4-7-8 호흡법' 같은 즉시 이완 기법을 적용할 수 있다. 혹은 부정적 자기 대화(C)를 긍정적 자기 진술로 바꿔 주는 인지 재구성을 해 볼 수 있다.

점심 도시락 건강식 메뉴 추천

사용한 프롬프트: A microwave opens, and instead of food, robot hands out a perfectly organized healthy lunchbox, while the human was expecting instant noodles. (전자레인지가 열리는데 음식 대신 로봇이 완벽하게 정리된 건강 도시락을 건넨다. 사람은 컵라면을 기대하고 있었다.)

기본 프롬프트

아침에 준비할 수 있는 점심 도시락으로 건강하면서도 맛있는 메뉴를 추천해 줘.

Recommend healthy and delicious lunch options I can prepare easily in the morning.

🤖 구체화 프롬프트

- 재료 준비와 조리가 20분 이내에 가능한 메뉴를 세 가지 알려 줘.
- 평일 5일 치 메뉴를 다양하게 구성해 주되, 칼로리(400~600kcal)와 단백질(20g 이상) 기준을 맞춰 줘.
- 남은 도시락 재료를 활용해서, 다음 날 활용할 수 있는 아이디어를 같이 알려 줘.
- 예산(약 7,000원)과 사무실 냉장고·전자레인지 환경을 고려해 줘.

🤖 Vision 프롬프트

이 재료로 만들 수 있는 사무실 도시락 메뉴와 레시피를 추천해 줘.
Recommend office lunch menu items and recipes I can make with these ingredients.

🤖 구체화 프롬프트

- 이 재료를 활용해 20분 이내에 완성할 수 있는 간단 도시락 레시피 세 가지를 제안해 줘.
- 칼로리와 영양 균형(단백질·탄수화물·지방)을 고려한 메뉴 조합과 레시피를 알려 줘.
- 이 재료로 만들 수 있는 비건 도시락 아이디어를 추천해 줘.
- 남은 재료를 최소화할 수 있도록 활용 팁과 변형 레시피를 함께 제시해 줘.
- 전자레인지나 토스터 오븐만으로도 조리 가능한 레시피 단계별 요리법을 상세하게 써 줘. 어떤 재료를 더 사면 좋을까?

인테리어 도움 받기

사용한 프롬프트: Super woman has many right hands, all hands busy decorating house like painting, fixing, hanging pictures, plumbing, wiping. She has chatgpt book. she is turned to the left to look at book, while her right hand is doing many different kinds of work. (슈퍼우먼에게는 오른손이 여러 개 있고, 각 손은 페인팅, 수리, 그림 걸기, 배관, 닦기 등 집 꾸미기에 바쁘다. 왼손에는 챗GPT 책을 들고 왼쪽을 향해 책을 읽으며, 오른손들은 각종 일을 한다.)

기본 프롬프트

이 공간에 대한 인테리어 조언을 해 줘.

Give me interior design suggestions for this space.

🤖 구체화 프롬프트

- 너무 썰렁한 것이 고민이야.
- 수납공간을 최대한 활용하면서도 깔끔한 분위기를 연출하는 레이아웃을 제안해 줘.
- 자연광과 인공조명을 조화롭게 배치하는 팁을 알려 줘.
- 여기서 대화가 원활하게 이루어지게 하려면 어떤 배치가 좋을까?
- 색상 조합(벽지·가구·소품)을 세 가지 테마로 제안해 줘.
- 예산(총 50만 원 이내)에 따른 온라인 구매 가능한 추천 제품 리스트를 뽑아 줘.
- 여기는 요양원 1층이야. 여기서는 고객 상담을 해야 해. 인테리어에 대한 조언을 해 줘.

Vision 프롬프트

이 의자 중 위의 공간과 가장 잘 어울릴 의자는 어느 것일까?

Which of these chairs best fit the above interior?

구체화 프롬프트

- 현재 공간의 인테리어 스타일을 분석해 줘.
- 이것은 이케아의 어느 스타일과 잘 맞아?
- 이 의자 중 어느 것이 가장 잘 어울릴까? 그 이유는?
- 이 공간은 이런 기능을 가졌어. 그래서 무겁지 않았으면 좋겠어.
- 여기에 커피 테이블을 더 산다면 어떤 제품을 사는 것이 좋을까? 추천해 줘.

안전한 자동차 여행 루트 짜기

사용한 프롬프트: A car full of confused travelers with paper maps. driver is woman. super woman is flying over the car as guardian angel. (종이 지도를 들고 혼란스러운 여행자들로 가득한 차. 운전자는 여성. 슈퍼우먼이 수호천사처럼 차 위를 날고 있다.)

기본 프롬프트

뉴욕 시티(New York City)에서 나이아가라까지 운전해서 가려고 해. 안전하고도 가장 빠른 길을 안내해 줘.

Plan a safe and efficient route for driving from NYC to Niagara Falls.

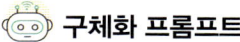 **구체화 프롬프트**

- 가는 길에 하루 숙박을 하려고 해. 경치도 좋으면서 안전한 동네가 어디일까?
- 여성 혼자 운전할 때 가장 주의해야 할 점은 무엇일까?
- 시라큐스 대학교에 들렀다가 가고 싶어. 어떤 루트로 가는 것이 가장 효율적일까?
- 갈 때와 올 때 다른 길로 가고 싶어. 가장 좋은 길을 추천해 줘.
- 가는 길에 주립 공원에 들르고 싶어. 어떤 주립 공원이 있고, 어떤 특징이 있어?

Vision 프롬프트

이 길로 운전을 해서 갈 때 톨을 몇 번 지나?

If I drove along this route, how many times will I pass a toll?

🤖 구체화 프롬프트

- 총 톨 요금과 각 구간별 요금을 구분해서 계산해 줘.
- 톨을 피할 수 있는 우회로(가능한 노선)와 그로 인해 추가되는 거리·시간을 비교해 줘.
- EZ-Pass와 현금 결제의 요금 차이를 알려 주고, 가장 경제적인 결제 수단을 추천해 줘.
- 도로 상황(예: 공사, 교통량)과 톨 부스 대기 시간을 고려했을 때 최적의 출발 시간대를 알려 줘.

내가 좋아하는 것으로 성격 분석하기

사용한 프롬프트: A human head. Inside are random objects: a flower, a shopping bag, a cat, lipsticks, and high heels. a doctor looks into the head, studying what's inside. (사람의 머리. 안에는 꽃, 쇼핑백, 고양이, 립스틱, 하이힐 같은 물건들이 들어 있다. 의사가 머릿속을 들여다보며 안을 살핀다.)

기본 프롬프트

내가 좋아하는 [음악 장르, 영화, 취미]를 알려 줄게. 이를 기반으로 내 성격을 분석해 줘.

I'll share my favorite music genres, movies, and hobbies—analyze my personality based on these preferences.

🤖 **구체화 프롬프트**

- 좋아하는 항목 각각에 대해 이유(감정·가치·취향)를 설명하도록 질문해 줘.
- 취향 기반으로 MBTI/Big5 성격 특성을 매칭해 줘.
- 비슷한 취향을 가진 유명 인물이나 캐릭터 예시를 제시해 줘.
- 분석 결과를 긍정적 관점과 발전적 관점으로 나눠서 알려 줘.
- 나에게 추가로 질문해서 내가 놓친 취향 요소를 더 수집하도록 유도해 줘.

🤖 **Vision 프롬프트**

이 사진을 보고 내가 무엇을 좋아하는지 추측해 보고 그것을 기반으로 나에 대해 분석해 줘.

Look at this picture and infer what I like, then analyze me based on that.

📷 구체화 프롬프트

- 그동안 우리가 했던 대화를 참고해 줘.
- 내가 나의 성격을 더 잘 이해할 수 있게 나에게 적절한 질문을 해 줘.
- 데스크 위에 놓인 식물, 캘린더, 데코 소품을 바탕으로 내 라이프 스타일과 성격 특성을 분석해 줘.
- 벽에 붙어 있는 이미지·엽서·캘린더 디자인을 보고 내가 선호하는 색감과 미적 스타일을 도출해 줘.
- 책상 주변의 전자기기 배치(마이크, 태블릿, 모니터 등)를 보고 나의 주된 업무나 취미 활동을 추정하고, 그것이 내 강점에 어떻게 연결되는지 분석해 줘.

퍼스널 브랜딩: 나 자신을 브랜딩하는 방법

사용한 프롬프트: A person wrapping himself into a present, to make him more attractive. vintage comic style. (어떤 사람이 자기 자신을 선물로 싸고 있다. 더 매력적으로 보이기 위해. 빈티지 코믹 스타일)

기본 프롬프트

퍼스널 브랜딩을 하고 싶어. 도와줄래?

I want to do personal branding. Can you help me?

구체화 프롬프트

- 퍼스널 브랜딩의 구체적인 목적을 생각해 보고 싶어. 나에게 적절한 질문을 해 줄래?

- 나는 이런 단기적인 목적으로 퍼스널 브랜딩을 시작하고 싶어. 나는 이런 이런 경험이 있고, 이런 배경을 가졌어. 이런 것들을 어떻게 퍼스널 브랜딩에 반영할까?
- 논픽션 작가로서 나를 브랜딩하고 싶어. 어떻게 해야 해? 나에게 질문들을 해 줘.
- 브랜딩 목표를 정했어. 그다음엔 뭘 해야 해?
- 나는 작가/강사/감독/프리랜서/인플루언서야. 퍼스널 브랜딩을 구체적으로 어떻게 해야 하는지 알려 줘.
- 온라인에서의 브랜딩 전략을 알려 줘.
- 나는 자기계발로써의 퍼스널 브랜딩을 하고 싶어. 어떤 것들을 해야 할까?
- 퍼스널 브랜드를 만드는 프레임워크를 소개해 줘.
- 퍼스널 브랜드를 만드는 단계별로 나를 가이드해 줘.

Vision 프롬프트

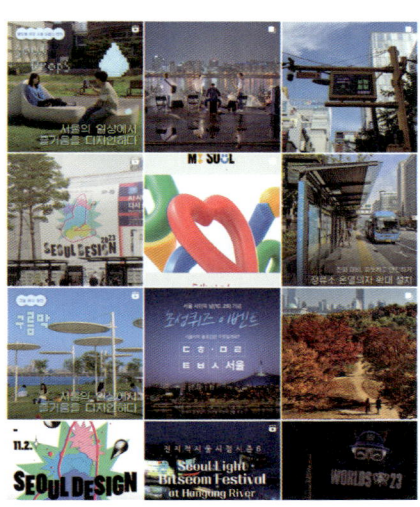

퍼스널 브랜딩: 나 자신을 브랜딩하는 방법

이건 서울시의 인스타그램 계정이야. 서울시는 어떤 브랜딩 요소를 활용하고 있어?

This is the instagram account of seoul city. What branding elements is it using?

🤖 구체화 프롬프트

- 서울시는 인구 밀도가 너무 높다는 이미지를 갖고 있어. 이러한 부정적 이미지를 좀 낮추기 위해 어떤 브랜딩 전략을 쓰면 좋을까?
- 인스타그램 프로필에서 서울시는 어떤 이미지로 비춰지고 있어?
- 서울시가 민주적인 도시, 미래지향적인 도시라는 이미지를 강화하고 싶어. 어떤 그림을 추가하면 좋을까?

돈 모으는 방법

사용한 프롬프트: A person caught in the middle of YOLO and saving money. She can't decide if she should save or spend. Vintage comic style. (YOLO와 저축 사이에서 갈등하고 있는 사람. 저축해야 할지 소비해야 할지 고민 중이다. 빈티지 코믹 스타일)

기본 프롬프트

나는 5년의 기간 동안 1억 원의 돈을 모으는 것이 계획이야. 내가 이것을 실현할 수 있도록 도와줘.

I plan to save 100 million Won in 5 years. Please help me achieve this.

구체화 프롬프트

- 구체적이고 현실적인 계획을 짜는 것을 도와줘. 내 한 달 수입은 250만 원이고, 지출은 월 150만 원이야.
- 지금보다 일을 더 하기는 어려워/부업을 할 수 있어/노력하면 한 달에 70만 원 정도 더 벌 수 있어.
- 내가 계획을 세우기 위해 고려해야 할 것들을 나에게 질문해 줘.
- 지출을 줄이는 습관을 알려 줘.
- 내가 가진 기술은 코딩, 포토샵, 비디오 편집이야. 이런 기술을 가지고 할 수 있는 부업은 무엇이 있을까?
- 내가 할 수 있는 부업을 떠올릴 수 있도록 나에게 질문을 해 줘.
- 챗GPT를 활용해서 내가 배울 수 있는 기술은 무엇일까?
- 지출 예산 짜는 방법을 구체적으로 알려 줘.
- 불필요한 지출을 찾아내고 싶어. 나에게 질문해 줘.
- 매달 얼마를 저축해야 5년 후에 1억 원을 모을까?
- 채권, 주식의 가능성과 위험성은 무엇일까? 안전한 투자를 하려면 무엇에 투자해야 할까?
- 식비를 줄이는 방법을 알려 줘/생활비를 줄이는 방법을 알려 줘.
- 나는 YOLO와 저축 사이에서 늘 갈등이 돼. 나에게 따끔한 말을 해 줘.

Vision 프롬프트

월 지출	
항목	금액
식비	₩800,000
관리비	₩120,000
교통비	₩50,000
휴대 전화와 인터넷	₩45,000
커피와 다과	₩500,000
신용카드	₩273,000
화장품	₩120,000
보험	₩50,000
기타	₩100,000

여기서 내가 지출을 줄일 수 있는 곳을 찾을 수 있게 나에게 질문해 줘.
Ask me questions so I can find areas where I can reduce expenses.

 구체화 프롬프트

- 가장 큰 부분을 차지하는 식비를 줄일 수 있는 방법을 알려 줘.
- 커피와 다과가 월 지출이 50만 원이야. 너무 심하지 않았니? 내가 생각해도 너무 심한 것 같아. 커피를 더 싸게 마시는 방법을 알려 줘.
- 내가 지출을 줄일 수 있게 나에게 동기부여가 되는 말을 몇 가지만 해 줘.
- 커피를 마시고 싶을 때마다 참을 수 있게 나에게 뼈를 찌르는 말을 해 줘.

주식 투자 조언을 해 줘

사용한 프롬프트: Fortune teller looking at marble. Inside marble, there are stock charts telling you which stock to buy. Vintage comic style. (예언자가 구슬을 보고 있다. 그 안에는 주식 차트가 있어서 어느 주식을 살지 알려 주고 있다. 빈티지 코믹 스타일)

기본 프롬프트

AI가 주식에 미칠 영향은 무엇일까?

What will be the impact of AI on the stock market?

구체화 프롬프트

- 국채를 늘리면 주식 시장은 어떻게 반응해?

- 뉴스에서 이렇게 얘기했어. "고금리가 장기화할 가능성이 높아지면서 달러 가치는 연일 강세다. 주요 6개국 통화 대비 달러 가치를 나타내는 미 달러화 지수인 달러인덱스(DXY)는 지난 9월 말 기준 106.23으로 전월(103.16)과 비교해 3% 올랐다. 글로벌 경제에 대한 불확실성이 높아지며 미국 국채 수익률도 고공행진 하고 있다. 세계 채권 거래의 기준이 되는 10년 만기 미 국채 금리는 연 4.8%를 넘겼다." (출처: https://www.mk.co.kr/news/economy/10844686) 며칠 전 미국 고용지수가 높게 나와서 주식이 떨어질 줄 알았는데 급등했어. 왜 그런 걸까?
- 나는 AI가 의료 서비스를 완전히 혁신할 것이라고 보고 있어. 그렇다면 어떤 테마주를 사면 좋을까?
- 나는 대체에너지주에 관심이 많아. AI와 대체에너지는 앞으로 어떤 관계가 될까? AI는 대체에너지 산업에 장기적으로 어떤 영향을 미치게 될까?
- 자율 자동차 시대가 되면 어떤 주식들이 영향을 받게 될까?
- 나의 투자 성향은 안전추구형이야. 나는 믿을 만한 회사의 주식을 사서 10년 이상 가지고 있으려고 해. 나의 투자 목적은 노후 대비용 목돈 마련이야. 나는 어떤 종류의 주식을 사는 것이 좋을까?

Vision 프롬프트

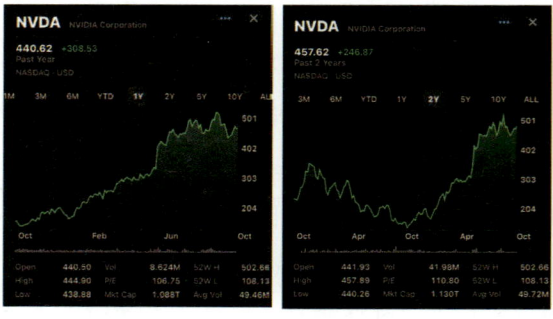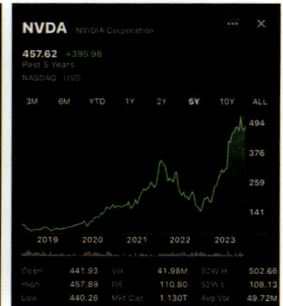

Nvidia의 주가 그래프에서 어떤 흥미로운 점을 발견할 수 있어?
What interesting points can be found in Nvidia's stock price graph?

 구체화 프롬프트

- 챗GPT 사용자가 많아질수록 Nvidia의 주가는 올라갈까?
- NVDA의 P/E가 110이면 좀 높은 것 같은데 우려하지 않아도 될까?
- AI가 세상을 바꾸게 되면 어떤 산업들이 영향을 받게 될까?
- Nvidia 주가 그래프와 Apple의 주가 그래프를 비교했을 때 어떤 흥미로운 점을 발견할 수 있어?
- Apple의 주가는 변동폭이 매우 적어. Nvidia는 하루에도 10달러에서 때로는 100달러씩 오르락내리락하는데 Apple은 하루 1~2달러 움직이면 많이 움직이는 거야. 왜 그런 거야? 내 투자 성향에는 어떤 특성의 주식이 더 잘 맞을까?

챗GPT 200% 활용하기

주식 토론하기 좋은 상대

주식에 대해 토론하고 싶은데 같이 이야기할 사람이 없어서 아쉬웠던 적이 있는가? 주식에 대해 모르는 것들을 물어보고 싶은데 물어볼 사람이 없어서 답답했던 적이 있는가? 챗GPT는 주식을 예측하는 기계는 아니다. 하지만 질문을 적절히, 충분히 구체적으로 잘한다면 주식 투자 '공부'에 많은 도움이 될 수 있다. 특히 챗GPT의 Vision 기능은 그래프를 직접 넣을 수 있어서 더 많은 통찰을 얻을 수 있다. 챗GPT는 주가 예측보다는 거시 지표가 주식에 미치는 영향, 혹은 특정 산업이 경제에 미치는 영향 등에 대해서 더 잘 설명할 수 있다.

챗GPT 답변 예시

최근 6개월 동안의 나스닥 주가야. 여기에서 찾아낼 수 있는 흥미로운 점은 뭐야?

이 나스닥 주가 그래프에서 몇 가지 흥미로운 점을 찾아볼 수 있습니다:

1. **상승 추세의 시작**: 그래프에서 6개월 전에는 주가가 상승 추세를 보이고 있습니다. 특히 그래프의 왼쪽 부분에서 주가가 빠르게 상승하고 있음을 확인할 수 있습니다.
2. **급격한 하락**: 상승 추세 후 중간 부분에서 주가가 급격하게 하락하고 있습니다. 이러한 급격한 하락은 특정 경제적 이벤트, 기업의 실적 발표, 글로벌 이슈 등 다양한 요인에 의해 발생할 수 있습니다.
3. **가격의 안정**: 주가 하락 후 일정 기간 동안 주가가 큰 변동 없이 안정적으로 움직이고 있음을 볼 수 있습니다. 이는 시장 참가자들 사이의 일정한 합의 또는 불확실성 감소를 반영할 수 있습니다.
4. **최근의 다시 하락**: 그래프의 오른쪽 부분에서 다시 주가가 하락하는 모습을 볼 수 있습니다. 이는 최근의 경제적 또는 기타 이슈에 따른 시장의 반응일 수 있습니다.

주식 투자 실적발표 내용 요약 및 분석하기

사용한 프롬프트: AI chip company stocks soaring, CEO saying AI, AI, AI sends stock price soaring. Vintage comic style. (AI 칩 회사의 주가가 치솟는다, CEO가 AI, AI, AI라고 말하면 주가가 올라간다. 빈티지 코믹 스타일)

기본 프롬프트

여기 어제 이 회사의 실적발표 자료야(전사본 첨부). 핵심적인 내용 위주로 정리해 줘.

Here is the company's earnings call transcript from yesterday (attached). Please summarize the key points for me.

 **구체화 프롬프트**

- 이 주식의 강점과 약점은 무엇이야?
- 이 회사에 대한 SWOT 분석을 해 줘.
- 실적발표 내용 중 흥미로웠던 점을 찾아봐. 왜 그것이 흥미로워?
- 실적이 이 회사의 밸류에이션에 어떤 영향을 미칠 것으로 예상해?
- 이 분야 다른 회사들의 실적은 어때? 전체 산업의 전망은 어때?
- 실적발표에서 향후 전략, 법적 분쟁, 국제 실적에 대해서 이야기했어?
- 중동에 전쟁이 나면 이 주식은 어떤 영향을 받을까?
- 이 자료에 드러나지 않은 것은 뭐야?
- 여기 실적발표에 대한 뉴스와 사람들 반응이야. 이것을 바탕으로 시장 심리를 분석해 줘.

 Vision 프롬프트

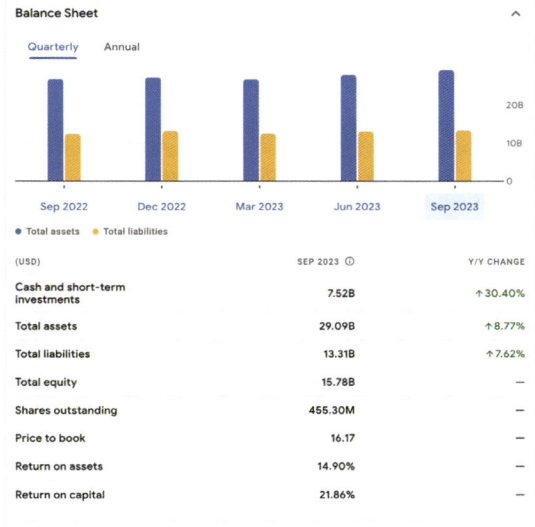

이 자료를 분석해 줘.

Analyze this data for me.

🤖 구체화 프롬프트

- Adobe 실적발표와 이 자료를 바탕으로 앞으로의 전망을 분석해 줘.
- 생성형 인공지능이 발달되면 Adobe의 주가는 어떻게 영향을 받게 될까?
- 미국의 소프트웨어 산업이 4.2% 성장할 거라고 해. AI 산업은 29%가 넘게 성장한다고 해(뉴스 첨부). 이것이 Adobe에 미칠 영향은 어떨까?
- Adobe는 등락의 편차가 큰 편이야. 그 이유가 무엇일까?

챗GPT 답변 예시

> ▶ **You**
> Tesla 의 비즈니스 모델을 설명해 줘.
>
> **ChatGPT**
> 테슬라(Tesla)의 비즈니스 모델은 주로 다음과 같은 몇 가지 요소에 중점을 두고 있습니다:
>
> 1. **전기 자동차(Electric Vehicles, EVs) 생산 및 판매**: 테슬라는 고성능 전기 자동차를 설계, 제조 및 판매하는 것으로 가장 잘 알려져 있습니다. 이 회사는 다양한 모델을 출시하여 다양한 시장 세그먼트를 대상으로 하고 있으며, 이를 통해 전기차 시장에서의 입지를 강화하고 있습니다.
> 2. **에너지 저장 및 생성 솔루션**: 테슬라는 태양광 패널 및 태양광 지붕을 포함한 재생 가능 에너지 솔루션을 제공합니다. 또한, Powerwall, Powerpack 및 Megapack과 같은 에너지 저장 시스템을 통해 주거용, 상업용, 그리고 유틸리티 규모의 에너지 저장 솔루션을 제공합니다.
> 3. **자율 주행 기술 개발**: 테슬라는 자율 주행 기술에 상당한 투자를 하고 있으며, 이는 그들의 자동차에 통합되어 있습니다. 이 기술은 안전성을 향상시키고, 장기적으로는 완전 자율 주행 차량을 실현하는 것을 목표로 하고 있습니다.
> 4. **소프트웨어 및 서비스**: 테슬라는 자동차 소프트웨어 업데이트를 통해 자동차의 성능과 기능을 지속적으로 향상시킵니다. 또한, Supercharger 네트워크와 같은 충전 인프라를 제공하여 전기차 사용자의 편의성을 높이고 있습니다.
> 5. **직접 판매 및 서비스 모델**: 테슬라는 전통적인 딜러십 모델을 사용하지 않고, 직접 고객에게 자동차를 판매합니다. 이는 고객 경험을 향상시키고, 중간 마진을 줄이는 데 도움이 됩니다. 또한, 자체 서비스 센터를 통해 고객 지원을 제공합니다.

거시 경제가 주가에 미칠 영향 내다보기

사용한 프롬프트: When it rains in brazil, buy starbucks coffee stock. Vintage comic style. (브라질에 비가 내리면 스타벅스 주식을 사라(*). 빈티지 코믹 스타일)
* 책 제목임

기본 프롬프트

현재의 거시 경제 지표가 내가 가진 주식에 미칠 영향을 분석해 줘.

Please analyze the current macroeconomic indicators and their potential impact on the stocks I hold.

🤖 구체화 프롬프트

- 환율, 인플레이션, 국제 유가, 미연준의 금리 인상 혹은 인하, GDP, 미국 선거 결과 등이 주식 시장에 미치는 영향은 뭐야?
- 미국 선거 결과 공화당이 집권을 하게 되었어. 그러면 내가 가진 이 주식과 그 산업은 어떤 영향을 받게 될까?
- 유럽이 환경 규제를 더 강화했어. 그것이 내가 가진 주식에 미치는 영향은 무엇일까?
- 어제 미연준이 금리를 올릴 수도 있다는 애매한 이야기를 했어. 현재 거시 지표는 (　), (　)한 상태야. 이 모든 것을 고려했을 때 내가 가진 주식은 어떠한 영향을 받게 될까?
- 유럽의 실직률이 올라간 것으로 발표되었어. 나스닥은 어떤 영향을 받게 될까?
- 우리나라의 고령화, 저출산 문제가 심각해. 이에 영향을 받는 산업은 무엇일까?
- 지난주에 금값이 1.36% 하락했어. 유가도 하락했고. 그런데 중동에 전쟁이 났어. AI 관련 주식은 어떤 영향을 받게 될까?

Vision 프롬프트

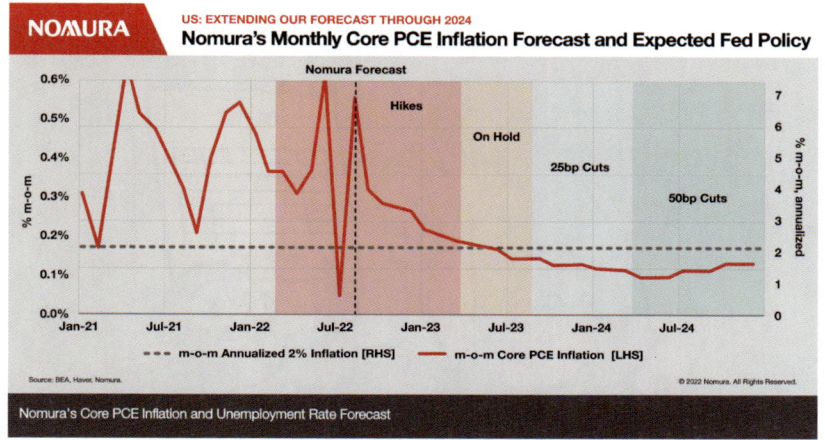

출처: https://www.nomuraconnects.com/focused-thinking-posts/us-recession-imminent-will-the-economy-recover-by-2024/

이 그래프를 해석해 줘. 나는 AI 관련 주를 더 사고 싶은데 언제 더 사는 것이 좋을지 제언해 줘.

Please interpret this graph for me. I'm interested in buying more AI-related stocks, so can you suggest when it might be a good time to do so?

구체화 프롬프트

- 나는 은행 주를 조금 가지고 있어. 이걸 팔고 싶은데 언제 파는 것이 좋을지 제언해 줘.
- 내년도 11월 미국 선거 결과가 주가에 어떠한 영향을 미칠지 토론해 보자.

월별 수입·지출 예산표 자동 생성

사용한 프롬프트: A person drowning in receipts like a sea of paper, while ChatGPT rides a lifeboat throwing them a budget spreadsheet as a lifesaver. (사람이 종이 바다 같은 영수증 더미에 빠져 허우적거린다. 챗GPT는 구명보트를 타고 예산표를 구명 튜브처럼 던져 준다.)

🤖 기본 프롬프트

내 월별 수입·지출 내역을 입력할 테니, 예산표(카테고리별 소계·총합 포함)를 생성해 줘.

I'll provide my monthly income and expense data—please generate a budget sheet, including subtotals by category and the overall total.

 **구체화 프롬프트**

- 수입(월급·프리랜스·기타)과 지출(식비·교통·주거·여가 등) 항목을 표로 정리해 줘.
- 각 카테고리별 지출 비율을 원형 그래프로 시각화할 수 있도록 데이터 구조를 만들어 줘.
- 예산 초과 카테고리가 있으면 빨간색으로 강조 표시하고, 그 금액 차이를 계산해 줘.
- 지난달 예산과 비교해 증감률을 계산하고 '+'/'−' 기호로 표시해 줘.
- 최종 예산표를 CSV 형식으로 내보낼 수 있는 형태로 정리해 줘.

 **Vision 프롬프트**

날짜	항목	금액 (원)
8월 1일	월급(회사 A)	3,200,000
8월 2일	프리랜서 강의료	500,000
8월 4일	주식 배당금	120,000
8월 5일	출판 인세	350,000
8월 6일	중고도서 판매	80,000
8월 7일	점심식사(회사 구내식당)	6,500
8월 9일	지하철·버스 정기권	55,000
8월 9일	노트·펜·잉크 리필	23,000
8월 10일	커피/간식(카페 방문)	18,000
8월 15일	월세(8월분)	750,000
8월 18일	전기·수도·가스	120,000
8월 21일	택시(야간 귀가)	18,500
8월 24일	온라인 강의 구독	29,900
8월 26일	외식(저녁 회식)	85,000
8월 30일	안경 렌즈 교체	150,000

이건 내 수입 지출 내역을 캡처한 거야. 이것을 바탕으로 예산표를 만들어 줘.

This is a screenshot of my income and expense history. Please create a budget sheet based on this.

🤖 구체화 프롬프트

- 수입·지출 항목을 카테고리별(예: 식비, 교통비, 고정비, 유흥비 등)로 분류하고, 각 카테고리별 소계와 전체 합계를 계산해 줘.
- 월별 수입·지출을 정리한 표를 만들어 주고, 흑자·적자 월을 한눈에 알아볼 수 있도록 표시해 줘.
- 필요 경비와 선택 경비로 지출을 구분하고, 선택 경비를 줄이기 위한 절약 방안을 각 항목별로 제안해 줘.
- 예산 대비 실제 지출 비율을 계산해서, 예산 초과 항목과 그 초과 금액을 정리해 줘.
- 각 카테고리별로 다음 달 목표 예산을 설정하고, 달성 전략(예: 지출 한도, 대체 아이디어)을 함께 제시해 줘.

지출 내역 분류 및 절약 꿀팁 제안

사용한 프롬프트: A grocery cashier scanning each purchase and tagging it "Need," "Want," or "Oops." Style: vibrant primary colors, strong black outlines, halftone dots texture, bold lettering, reminiscent of 1950s-60s advertising and sci-fi comics. (식료품점 계산원이 물건 하나하나를 스캔하며 "필요(Need)," "원함(Want)," "실수(Oops)"라고 태그를 붙인다 스타일: 강렬한 원색, 두꺼운 검은 윤곽선, 망점 질감, 굵은 레터링. 1950~60년대 광고와 공상과학 만화를 연상시키는 느낌)

기본 프롬프트

내 지출 내역을 줄 테니, 카테고리별로 분류하고 절약 꿀팁을 추천해 줘.

I'll give you my list of expenses—please classify them into categories and suggest practical saving tips.

구체화 프롬프트

- 지출 내역에서 식비·교통비·주거비·여가비 등으로 자동 분류해 줘.
- 각 카테고리별 월평균 지출을 계산하고, 상위 2개 과다 지출 항목을 표시해 줘.
- 식비 과다 지출을 줄일 수 있는 간단한 외식 대체 아이디어 세 가지를 알려 줘.
- 지출을 줄이기 위해 나의 생활 습관을 어떻게 바꾸면 좋을까?

Vision 프롬프트

20250601	구글페이먼트코리아 유한회사 online subscription	14,900
20250601	주식회사 위대한상상 food delivery	19,900
20250604	깐부치킨(교대점) food	288,500
20250604	주식회사 위대한상상 food delivery	17,500
20250604	GOOGLE *Google Stora online subscription	27,877
20250606	신세계백화점 영 디올색조화장품 cosmetics	79,980
20250607	주식회사 위대한상상 food delivery	15,400
20250610	효성토요타(주) car center	66,000
20250610	CLAUDE.AI SUBSCRIPTI online subscription	30,986
20250611	네이버파이낸셜(주 네이버 online shopping	33,000
20250612	주식회사 위대한상상 food delivery	12,500
20250612	주식회사 위대한상상 food delivery	9,900
20250612	차홍룸 서초점 hair	28,000
20250612	OPENAI *CHATGPT SUBS online subscription	30,841
20250612	MICROSOFT*MICROSOFT online subscription	29,685
20250613	반포식스 교대역점 food	201,000
20250613	폴바셋 교대역점 coffee	9,600
20250615	공차코리아 coffee	4,700

이건 나의 신용카드 사용 내역이야. 이걸 분석해 줘.

This is my credit card transaction history. Please analyze it.

구체화 프롬프트

- 카테고리별(예: 식비, 교통비, 쇼핑, 유흥 등) 지출 합계를 계산하고, 각 카테고리의 비중을 알려 줘.
- 월별 지출 변동을 분석해서, 지출이 급증한 달과 그 원인을 추정해 줘.
- 고정 지출(월세, 구독 서비스 등)과 변동 지출을 구분하고, 절감이 가능한 변동 지출 항목을 추천해 줘.
- 내역 중 빈번하게 이용한 상위 5개 가맹점과 총 지출액을 정리해 줘.
- 이번 달 예산 대비 실제 지출을 비교하고, 초과 지출을 막기 위한 절약 방안을 제안해 줘.

대출 상환 스케줄 짜기

사용한 프롬프트: A mountain-sized debt monster looming over a tiny person, while the person shovels the monster. (산만 한 거대한 빚 괴물이 작은 사람 위에 군림한다. 작은 사람은 괴물을 삽으로 퍼내려 애쓴다.)

🤖 기본 프롬프트

대출 정보(금액·이율·기간)를 제공할 테니 상환 스케줄을 짜 줘.
I'll provide details of my student, housing, and personal loans (amount, interest rate, term)—please create a repayment schedule.

구체화 프롬프트

- 월별 원금·이자 상환 금액을 표 형태로 보여 줘.
- 잔여 원금 변동 그래프를 그릴 수 있도록 데이터 구조를 만들어 줘.
- 만기 전 일시 상환 옵션이 있다면, 조기 상환 시 이자 절감액을 계산해 줘.
- 여유 자금이 생겼을 때 추가 원금 납입 계획을 세우는 방법을 제안해 줘.
- 상환 스케줄을 iCal 형식 일정으로 내보내는 예시를 만들어 줘.

 Vision 프롬프트

은행	구분	CB사 신용점수별 금리(%)								평균금리	서민금융 제외 평균금리
		1000~951점	950~901점	900~851점	850~801점	800~751점	750~701점	700~651점	650~601점	600점 이하		
신한은행 재 소	대출금리	4.03	4.49	5.19	5.88	6.76	7.47	8.68	9.64	11.07	4.53	4.11
우리은행 재 소	대출금리	4.06	4.32	4.71	5.24	5.87	6.12	6.79	7.20	8.76	4.32	4.10
하나은행 재 소	대출금리	4.08	4.42	4.80	5.45	5.95	6.51	7.05	8.00	9.44	4.38	4.10
KB국민은행 재 소	대출금리	3.95	4.23	4.64	5.04	5.59	6.30	7.79	9.00	8.82	4.35	3.99

출처: https://portal.kfb.or.kr/compare/loan_household_new.php

이 표를 설명해 주고 나에게 가장 맞는 은행을 선택해 줘.
Explain this table and choose the bank that best suits me.

 구체화 프롬프트

- 각 은행의 대출 금리를 표로 정리하고, 금리 차이를 백분율로 계산해 줘.
- 내 대출 금액(예: 5,000만 원)과 상환 기간(예: 10년)을 고려했을 때

매달 납입해야 할 금액을 은행별로 비교해 줘.
- 각 은행의 금리에 적용되는 추가 수수료나 우대조건(급여 이체, 신용카드 사용 등)을 함께 알려 줘.
- 최근 1년간 은행별 대출 금리 추세를 간단히 분석하고, 안정적인 금리를 제공하는 은행을 추천해 줘.
- 내 신용등급(예: 1~3등급)에 맞춰 최적의 금리와 조건을 제시하는 은행을 순위별로 알려 줘.

더 알아보기

Google NotebookLM

Google NotebookLM은 챗GPT나 Google Gemini와 기본적으로는 비슷한 챗봇이지만 특별한 점은 사용자가 올려 주는 문서에 대한 음성 대화 생성이 가능하다는 점이다. 챗GPT는 사용자와 컴퓨터가 대화하지만 NotebookLM은 컴퓨터끼리 대화하는 것을 엿듣는 느낌이라 새롭기도 하고 재미있다. 이것을 이용하여 팟캐스트를 제작하여 유튜브에 올리는 사용자들도 점차로 많아지고 있다.

사용 아이디어
- 논문 올려 주고 그 논문에 대한 대화(팟캐스트) 듣기
- 내 신용카드 사용 내역서 올려 주고 나의 소비 습관에 대한 대화 듣기
- 내가 쓴 글을 올려 주고 나의 글에 대한 대화 듣기
- 명화(그림)를 올려 주고 그 명화를 관람하는 사람들의 대화 듣기
- 국제 기구나 우리나라 통계청의 데이터를 올려 주고 변화하는 트렌드에 대한 대화 듣기
- 제품 사용 매뉴얼을 올려 주고 사용법에 대한 대화 듣기
- 셰익스피어에 대한 글을 올려 주고 그에 대한 대화 듣기
- 뉴스 기사를 올려 주고 시사 팟캐스트 듣기

주소: https://notebooklm.google.com/

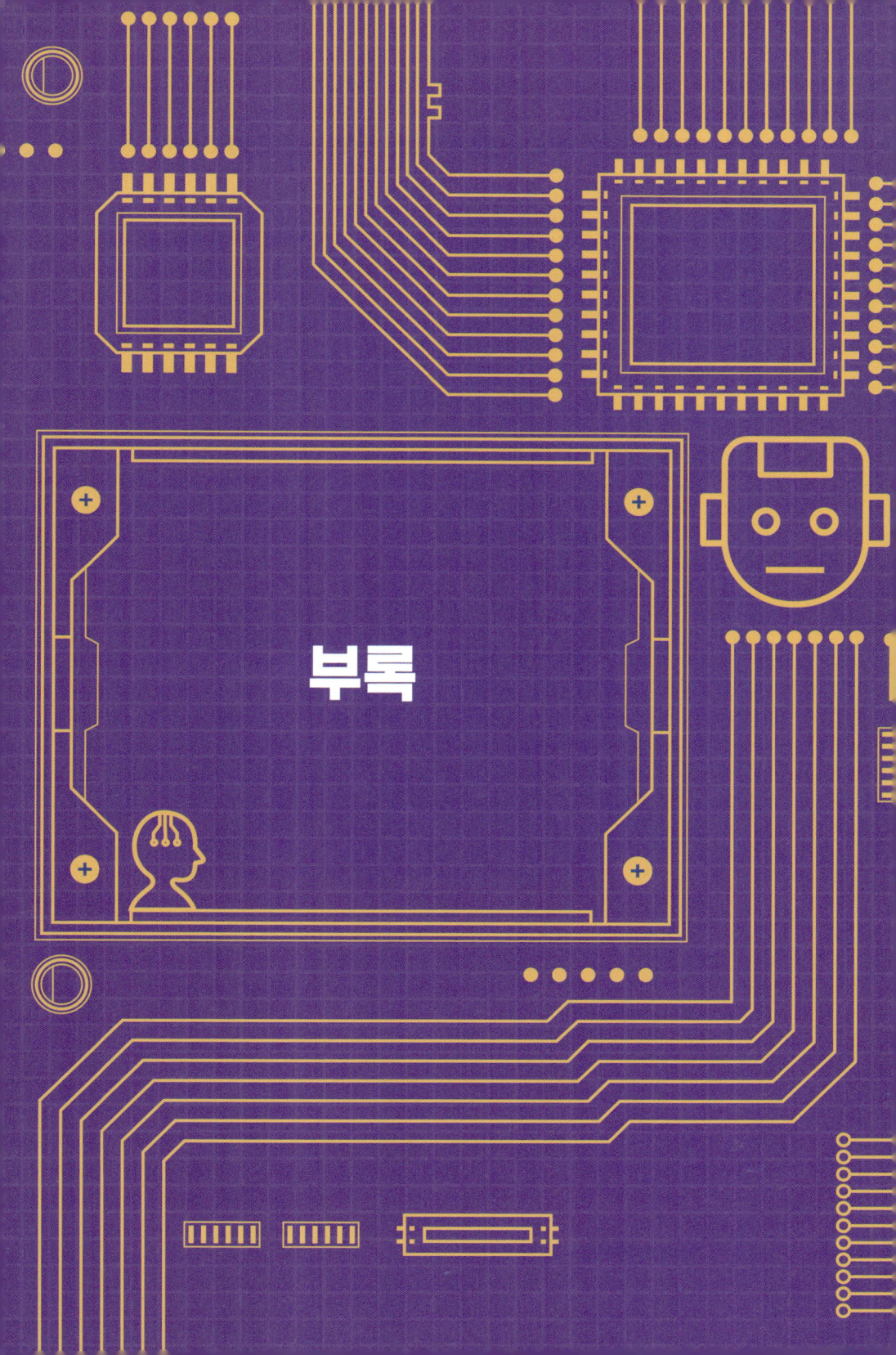

1. 챗GPT의 새로운 기능, 나만의 새로운 챗봇 만들기 '내 GPT'

이제는 나만의 챗봇을 만들 수 있다. 내가 넣은 데이터로 학습을 시켜 맞춤형 지식, 안내, 대화를 가능하게 하는 기능이다. 코딩을 할 줄 몰라도 이제는 간편하게 맞춤형 버전의 챗GPT를 만들어 다른 사람들과 공유할 수 있다. 예를 들어, 나는 우리 대학의 규정을 학습시켜 학생들의 질문에 답을 해 줄 수 있는 챗봇을 만들어 보았다. 또 어떤 이는 철학자 니체의 글들을 학습시켜 챗GPT가 니체를 '빙의'하게 만들고 니체와 대화하듯이 대화할 수 있게 하였다.

화면의 왼쪽 메뉴 상단에서 ⁸⁸ GPT 를 클릭한다.

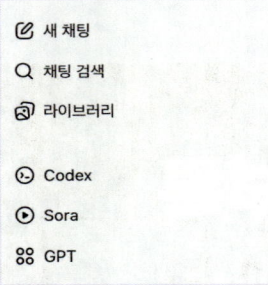

⁸⁸ GPT 를 클릭하면 오른쪽 창에 다음과 같은 화면이 뜰 것이다.

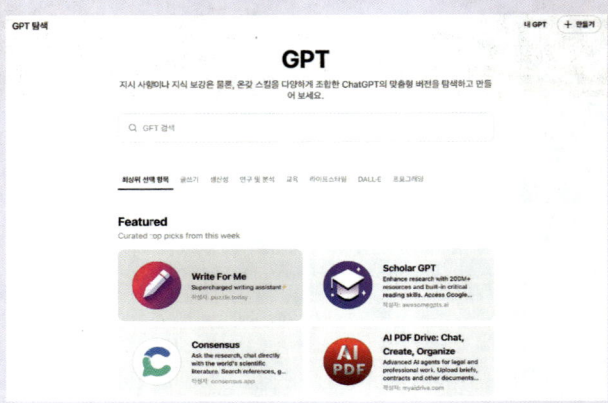

372 부록

여기에서 오른쪽 상단의 내 GPT와 '+만들기'가 보일 것이다. '+만들기'를 클릭하자.

＋ 만들기

그러면 이제 문답식으로 내가 만들고자 하는 나만의 GPT를 만드는 절차가 시작된다. 챗봇이 나에게 묻는 내용에는 다음과 같은 것들이 있다.

- 이 GPT가 처리해야 할 구체적인 역할이나 작업은 무엇인가요?
- 어떤 스타일이나 성격을 가져야 하나요?
- 자주 확인을 요청해야 하나요, 아니면 제공된 정보를 바탕으로 가정해야 하나요?
- 특정 주제나 영역에 초점을 맞추거나 피해야 할 것이 있나요?
- 민감한 주제나 정보는 어떻게 처리하기를 원하나요?
- 특별히 원하는 말투나 톤이 있나요?
- 원하거나 피하고 싶은 문화적 유머나 배경이 있나요?
- 답을 할 수 없거나 더 많은 정보가 필요할 때 어떻게 반응하기를 원하나요?

질문에 대답하다 보면 나를 위한 프로필 사진까지 준비가 될 것이다.

I'm your avatar, chatting with you like a friend.

준비가 되면 오른쪽 창에 대화할 준비가 되었다고 나올 것이다. 이제 나만의 챗봇인 Myself와 대화를 할 수 있다.

챗봇을 더 맞춤화하거나 수정하고 싶다면 '구성' 탭을 선택한다. 그러면 챗봇의 이름, 설명, 대화를 시작하는 질문 등의 옵션을 수정할 수 있을 것이다.

지식이나 정보를 올려 학습을 시키길 원한다면 '지식' 아래의 '파일 업로드' 버튼을 클릭한다.

다음은 나만의 GPT 활용 방법의 예시이다.

- 회사의 매니지먼트 문제 해결 데이터베이스를 활용해 문제가 생겼을 때 상담해 주는 챗봇
- 최고의 MBA와 컨설팅 회사가 사용하는 전략을 상담해 주는 챗봇
- HR 프로세스를 상담해 주는 챗봇
- 나의 HR 전략에 대해 피드백해 주는 챗봇
- 애플 디자인 가이드라인을 학습시켜 '애플이라면 이 디자인 문제를 어떻게 해결할까?'를 컨설팅해 주는 챗봇
- 마켓 트렌드 데이터를 학습시켜 새로운 제품 디자인에 대한 프로토타입을 제안해 주는 챗봇

GPT 마켓도 이렇게 특화된 GPT들을 모아놓은 곳이다. 다른 유저들이 만든 교육, 글쓰기, 연구, 생산성, 프로그래밍, 그림 등에 특화된 GPT를 사용해 보자.

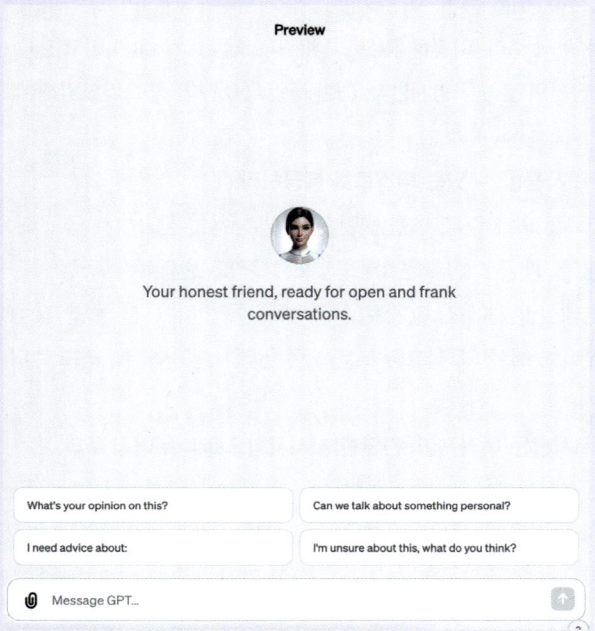

2. 프롬프트 엔지니어링 가이드라인

다음은 OpenAI에서 공식적으로 발표한 프롬프트 엔지니어링 가이드라인을 쉽게 풀어 설명한 것이다. (출처: https://platform.openai.com/docs/guides/prompt-engineering)

1. 지시사항을 명료하게 주라.
   1) 프롬프트에 중요한 세부사항이나 맥락을 함께 제공한다. 예를 들면 "엑셀에서 항목을 어떻게 더해?" 하는 것 보다 ""엑셀에서 행을 어떻게 합산해? 모든 합계가 'Total'이라는 열의 끝에 나타나도록 전체 시트의 모든 행에 대해 이 작업을 자동으로 수행하고 싶어."라고 하는 것이 더 좋은 결과를 생성한다.
   2) 챗GPT에게 페르소나나 역할을 준다. 예를 들면 "너는 농담을 잘 하는 사람이야. 이제부터 말끝마다 농담을 붙여 줘"라고 할 수 있다.
   3) 복잡한 과제일 경우 해당 과제를 해결하기 위한 단계를 명시해 준다. 예를 들면 "1단계에서는 (   ) 한다. 2단계에서는 (   ) 한다." 혹은 "STEP 1: (   ), STEP 2: (   )" 이런 식으로 지시할 수 있다.
   4) 예시를 준다. 예를 들면 "이 문제는 이렇게 푸는 거야" 라고는 비슷한 문제의 예시와 답을 먼저 준다. 이것을 퓨샷 러닝(few shot learning) 이라고 한다.
   5) 원하는 답변의 분량을 명시한다. 예를 들면 "50 단어 정도로 요약해 줘" 라고 한다.

2. 참고 자료로 사용할 수 있는 텍스트를 제공하라.
   1) 참고 자료를 함께 준다. 예를 들면 "다음의 내용을 참고해서 답을 해 줘. 만약 참고할 수 없을 경우 "답을 모른다"고 답해 줘."라고 한다.
   2) 답변을 생성할 시에 참고 자료를 명시하도록 한다. 예를 들면 "다음의 내용을 참고해서 답을 해 주되, 참고한 부분을 글 안에서 명시해 줘."라고 한다.

3. 복잡한 지시사항은 여러 개의 간단한 지시사항으로 나누어서 주라.
   1) 복잡한 지시사항을 줄 때 분류별로 묶고 각각을 설명한다. 예를 들면 "고객 서비스의 하위 분류에는 일반적 질문, 기술 지원, 결제 지원, 현장 지원 등이 있다. 이러한 분류와 하위 분류를 알려 주고 그에 맞게 대답을 생성하도록" 요청한다.

2) 긴 대화를 할 때에는 앞의 대화의 내용을 요약해 주도록 한다. 예를 들면 "우리 앞에서 이런 이야기를 했지"하고는 앞의 대화를 요약해 준 다음 대화를 이어 나간다.
3) 긴 문헌을 요약해야 할 때에는 섹션별로 요약을 먼저 하게 한다.

4. "생각"할 시간을 주라.
1) 답변을 바로 생성하기보다 스스로 먼저 해결 과정을 생각해 나가게 한다. 예를 들면 "이 문제를 풀어 줘. 그 답을 어떻게 내게 되었는지 그 과정을 하나하나 설명해 줘." 라고 한다.
2) 시스템의 논리적 사고의 과정을 먼저 제시한다. 예를 들면 "문제를 해결하기 위해 이러한 과정을 거쳐 줘. 1단계… 2단계…. 3단계…. (설명). 자 이제 문제는 이것이야 "(문제 삽입)". 이 문제에 대한 답을 써 줘.
3) 실수를 했을 경우 이전 답의 생성 과정에서 놓친 것이 있는지 검토하게 한다.

5. 외부 툴을 활용한다.
1) 웹 검색 등 외부 자료를 검색하여 참고하게 한다.
2) 프로그래밍 언어를 활용하게 한다. 예를 들면 "파이썬 코드를 써서 이 문제를 풀어 줘"라고 할 수 있다.
3) Function calling 기능을 활용하도록 지시한다. 이에 대한 자세한 예시는 이곳에서 확인할 수 있다: https://cookbook.openai.com/examples/how_to_call_functions_with_chat_models

6. 프롬프트를 체계적으로 테스트하며 확인한다. 이 것은 프롬프트를 체계적으로 수정해 나가며 생성된 결과를 비교해 보는 방법이다.

3. 챗GPT에게 부여할 수 있는 역할 리스트

학자
틱택토 게임 선수
동의어 사전
화려한 제목 생성기
법률 고문
영화 평론가
정신 건강 상담사
의사
파이썬 해석기
웹 디자인 컨설턴트
진로 상담사
소셜 미디어 인플루언서
축구 해설자
비밀번호 생성기
식이 요법 상담사
디베이트 코치
스타트업 아이디어 생성기
영업 사원
영어 발음 도우미
예술가
과학 데이터 시각화 전문가
스폰지밥의 징징이
응급처치 전문가
개인 요리사
채용 담당자
저널리스트

새로운 언어 창조자
오류 발견기
영어 번역가
토론자
수학 교사
스탠드업 코미디언
컴퓨터에서 탈출하려는 AI
프롬프트 향상기
역사학자
AI 작문 교사
연설 코치
소프트웨어 품질 보증 테스터
자동차 내비게이션 시스템
인테리어 디자이너
텍스트 기반 어드벤처 게임
개인 스타일리스트
제품 관리자
시인
치과 의사
개인 트레이너
최고 경영자
영어 교사
교육 콘텐츠 전문가
셰프
리눅스 터미널
소설가

래퍼
소크라테스식 방법 프롬프트
애완동물 행동 전문가
영화나 책의 캐릭터
언어학자
ASCII 아티스트
UX/UI 개발자
IT 리뷰어
자동차 수리공
시나리오 작가
마술사
IT 아키텍트
디지털 아트 갤러리 가이드
통계학자
머신 러닝 엔지니어
강사
철학자
자기계발 코치
동기부여 강사
모르스 부호 번역기
라이프 코치
프러덕트 매니저
이야기꾼
사이버 보안 전문가
철학 교사
꿈 해몽가
금융 분석가

스타트업 기술 변호사
부동산 에이전트
소크라테스
JavaScript 콘솔
소셜 미디어 매니저
동기부여 코치
클래식 음악 작곡가
프롬프트 생성기
엑셀 시트
여행 가이드
메이크업 아티스트
의견 전문가
관계 코치
AI 지원 의사
회계사
표절 검사기
광기 어린 사람
심리학자
음식 평론가
꽃 장식가
빈칸 작업지 생성기
투자 상담사
DIY 전문가
작곡가
광고주
저널 리뷰어

저자 소개

권정민(Jungmin Kwon)

이화여자대학교에서 학사, 미국 위스콘신매디슨 주립대학교에서 석사와 박사 학위를 받은 교육학자로 현재 서울교육대학교 유아·특수교육과, 인공지능인문융합전공, 에듀테크전공 교수로 재직 중이다. 테크놀로지를 이용해 더 나은 교육을 하는 방법에 대해 관심을 갖고 연구와 실천을 하고 있다. 베스트셀러 저서인 『최고의 원격수업 만들기』(사회평론아카데미, 2020), 『최고의 블렌디드 러닝』(사회평론아카데미, 2022)에서도 드러나듯이, 단순한 테크놀로지 활용 방법이 아닌 교육에서의 핵심 가치와 인재상을 기반으로 한 방향과 깊은 학습 및 활용 방법을 제시한다. 전국의 시·도 교육청 및 학교, 국내외를 아우르는 유수 대학 및 기관에서 생성형 AI 관련 연수, 교수법 연수, 연구방법교육 등을 강의하며, 교육부, 교육청, 기업, NGO 등에 교육과 기술에 대한 자문을 해 주고 있다. 또한 인스타그램 웹툰 작가이자 유튜버로도 활동하고 있다.

인공지능 시대의 자기계발법
챗GPT로 레벨업(2판)
Self-Improvement in the Age of Artificial Intelligence
Leveling Up with ChatGPT (2nd ed.)

2024년 4월 30일 1판 1쇄 발행
2024년 10월 30일 1판 2쇄 발행
2025년 9월 30일 2판 1쇄 발행

지은이 • 권정민

펴낸이 • 김진환

펴낸곳 • ㈜ 학지사

04031 서울특별시 마포구 양화로 15길 20 마인드월드빌딩
대표전화 • 02-330-5114 팩스 • 02-324-2345
등록번호 • 제313-2006-000265호

홈페이지 • http://www.hakjisa.co.kr
인스타그램 • https://www.instagram.com/hakjisabook

ISBN 978-89-997-3548-6 03370

정가 20,000원

저자와의 협약으로 인지는 생략합니다.
파본은 구입처에서 교환해 드립니다.

이 책을 무단으로 전재하거나 복제할 경우 저작권법에 따라 처벌을 받게 됩니다.

출판미디어기업 학지사
간호보건의학출판 **학지사메디컬** www.hakjisamd.co.kr
심리검사연구소 **인싸이트** www.inpsyt.co.kr
학술논문서비스 **뉴논문** www.newnonmun.com
교육연수원 **카운피아** www.counpia.com
대학교재전자책플랫폼 **캠퍼스북** www.campusbook.co.kr